وعده بهشت...

مجموعه شعر

وعده بهشت...

مجموعه شعر

لینا روزبه حیدری

The Promise of Paradise...

A Poetry Collection

Lina Rozbih-Haidari

Vij Books India Pvt Ltd

New Delhi (India)

Published in India by

Vij Books India Pvt Ltd
2/19, Ansari Road, Daryaganj,
New Delhi – 110002, India
Ph: +91-11-43596460, 47340674
Email: vijbooks@rediffmail.com

Softcover ISBN : 978-93-84464-58-5
Ebook ISBN   : 978-93-84464-59-2

فهرست:

فهرست

فهرست

فهرست

بنام خدا

کودکی بیش نبودم که جنگ مرا مجبور به ترک کشورم نمود و نوشتن شعر درغربت گزینه یی گردید برای ابراز احساساتم در واکنش به اوضاع سرزمین ام و فاجعه و تراژدی رفته بر ملتی که فراتر از رنج نمی شناسد.

اشعار این کتاب، واکنش یک مهاجر است به اوضاع جامعه اش، به رنج رفته بر او و ملت اش، به جنگ در کشورش، به وضعیت همنوعان اش در حصار محبس "سیاه سری" در جامعه سنتی، به بی عدالتی، به ظلم، به بی کفایتی سردمداران و مقتدرین و به سو تعبیر های که به نام دین باعث پدیده های مانند انتحار و خشونت علیه زنان در افغانستان گردید.

اشعار این کتاب، الفبای زندگی یک جنگ زده است که شرح آن چهره کریه جنگ و هویت قربانی اصلی و دایمی آن را که همان شهروند عادی یک کشورست، هویدا میسازد و این واقعیت را که یک سیاستمدار و یا قدرتی جنگ برافروز، هیچگاه قربانی جنگ نمی گردد.

در نوشتن این اشعار از رنج و اشک مردم سرزمین ام و از لبخند های کمرنگ انها، در وقفه های کوتاه از فاجعه که سرنوشت بندرت به انها میدهد، الهام گرفته ام و در این مجموعه برای ثبت و حفظ دایم این درد ها و لبخند ها جمع آوری شده و تقدیم شما میگردد.

این مجموعه نظریست گذرا بر تجارب نسل من و به این امید تقدیم شما میشود که نسل های بعد از ما با خواندن اشعاری این گونه، خود را با

این احساسات و درد ها بیگانه بیابند و مبرا از تجارب تلخی که حیات شعر نسل من شد و درهر مویرگ و شاهرگ کلمات آن جاریست.

به امید اینکه نسل آینده تراژدی را به نام جنگ نشناسد و نسل من، قبل از ختم حیاتش، بیاموزد که میتوان از آن خطه بود و شعر شاد سرود.

تا تحول سرنوشت،

لینا روزبه حیدری

رحمت تو

همه جا شور تو در خطبه دستان منست

نور تو در تن هر شمع شبستان منست

رنگ بی رنگ حضور تو میان رگ برگ

حجت سبز نفس در تن بستان منست

پرتو رحمت تو مثل غبار جبروت

گرد راهی که چون سرمه به چشمان منست

شمه یاد تو در چاه نفس های سیاه

قوت شب شکن رستم دستان منست

مدح شور تو که از بطن زمان میبارد

رمز مستی به کف ساقی مستان منست

روح تو در تن من ماند و من از اذن تو ام

بی اثر نیست که مهر تو نگهبان منست

تو را دارم

تو را دارم، چه غم دارم که تو غمخوار من هستی
تو را دارم، چه کم دارم که یار و یار من هستی

تو را دارم، به نام تو، به نام قهر و قهاری
تو را دارم، به لطف تو، گهی رحمان، گهی قاری

تو را دارم، به نام تو، جهان سبزست و رنگینست
تو را دارم، به اذن تو، تمام تلخ شیرینست

تو را دارم، شکوه تو، عجب والا و روحانی
تو را دارم، عجب نوری، عجب احساس عرفانی

تو را دارم و حجم این زمان، یک شمه از بویت
تو را دارم، تمام زندگی، یک لحظه در کویت

تو را دارم، به روح تو میان جسم آزادم
تو را دارم، برای راجعون گشتن چنین شادم

تو را دارم، تو را دارم، تو را ای جان جانانم
نمی دانی، سبک بالم، سبک آغاز و پایانم

من افغانم

من نه تاجیکم نه پشتون، نه هزاره، نه ز ترکم
نه ز ازبک، نه بلوچم، نی ز ایماق سترگم

من به مذهب نه ز سنی، نه ز شیعه، نه ز سیکم
نه دورنگم، نه دروغم، نه فسادم، نه شریکم

نه شمالی، نه جنوبی، نه ز غربم، نه ز شرقم
نی ز کوی فتنه پیشان، نه پی تشویق فرقم

نه بفکر جنگ لفظم، نه بفکر تهمت و شر
نه زر اندوزم، نه نوکر، نه کلاه فتنه بر سر

خطه ام افغان ستانست، خاک آن از من سراسر
ما همه افغان و افغان سر بر سر با هم برابر

رود و دریایت خروشان، کوهسارت با جلالند
فصل هایت بی نظیر و مردمانت با کمالند

پاک بادا خطه من از کف شر و شرارت
مرده بادا هر که بردست صلح میهن را بغارت

خاک بادا بر دو چشمی کو ندارد تاب دیدن

دست مایان را چو زنجیر، متحد، با هم پریدن

مرگ بر خصمت همیشه، شاد زی بی درد ماتم

دور بادا از وجودت تکه های راکت و بم

سبز بادا، سبز بادا، نام تو بر جسم و جانم

زنده بادا، زنده بادا، کشورم، افغانستانم

یادت هست

یادت هست که خفته بودیم همه دیار بردند
سر هر چراغ و شمعی بزدند به دار بردند

یادت هست که شاخه ها را به ثمر ز هم تکاندند
به چمن خزان نشاندند و ز ما بهار بردند

یادت هست که خنده ها را ز لبانمان بریدند
رخ شادمان ستاندند و ز ما قرار بردند

یادت هست که در فریبی، همه عقل مان خریدند
چو جنون ز شهر حکمت همه هوشیار بردند

یادت هست که گرگ و روباه به میان جسم میشی
سگ خوب گله مان را ز پی شکار بردند

یادت هست که وحدت مان به نفاق مبتذل شد
ز بنای این عمارت، پل استوار بردند

یادت هست که ساده بودیم و به سادگی شکستیم
وقتی غیر داوری کرد، همه اختیار بردند

حال بین هنوز همانیم و به طبع ساده خوی ایم
خر لنگ عقل مان بین که خودش سوار بردند

غیرت زن

مرا بکش! که نهایت بله همین باشد
بله، تمام گناه از زن لعین باشد

مرا بکش و ببر مرده را به کوه حرا
بگو که نسل زن از ابتدا چنین باشد

مرا بکش و به صد تیر و خنجر غیرت
بزن به فرق سرم، تا که این زمین باشد

اگر ز ظلم تو، من ناله و صدا کردم
بزن به تیغ گران گردنم که این باشد

بنام غیرت و ناموس مرا فروش و بخر
و با درایت خود خطبه ده که دین باشد

بگو که عزت و حرمت فقط برای زنست
هر انچه مرد کند، حق کند، وزین باشد

گهی به سنگ و به اتش، گهی اسید و چماق
سزای جنس زن، این خلقت حزین باشد

تمام غیرت مرد، یک لگد به جسم زنی
تمام غیرت زن، صبر واپسین باشد

مسیح اخر

همه جا دکان رنگست، تو چرا برنگ خاکی
همه جا نفیر سنگست، تو چرا چو شیشه پاکی

همه جا فریب و مکرست، همه فتنه جو و شیطان
همه بخل و بغض و کینه، همه پیروان بهتان

تو بسادگی چو آبی، چو بهشت بی ریایی
تو نمای روز موعد و رسیده از خدایی

تو صدای شاد باران، تو ندای سبز راغی
تو خیال پر کشیدن ز قفس میان باغی

تو که از تبار گرگی ز چه مهر میفروشی
تو ز غم ندیده گانی ز چه ناله و خروشی

به کدام مذهبی تو به کدام رسم و راهی
که نفس به کام آهو و نجات جان مایی

نه کلاه و تاج بر سر، نه سخنوری نه باتر
تو همان بمان که آنی، تو مسیح قرن آخر

مرگ روح

در کنار پایه دار
کسی در شهر شما
بی صبرانه منتظر اویختن ریسمان خشن
بر اطراف نفس های سنگینیست
که او را به اجبار بر زمین میخکوب کردست

فردایی که به او وعده ندادند
و امروزی که هر عقیده او را نشخوار کردند و
تفاله ساختند
زمینی و زمانی نیست که بتوان در ان
از مردن هراسید

خنده اش میگیرد
از زهر خند سائیده دندان های زرد و پوسیده
که در تلخی طعم حقایق مزاج گرم خود
فتوای ختم او را
سزای به جرات منطقش می پندارند

اینها چی میدانند
که اعدام جسم نهایت سزاست؟
برای انی
که در اوج نا امیدی
روحش را به دار اویختست

و گوشت و استخوانش را
در این فشرده هوای دم کرده عفونت عقل های سالم
مثل نعش یک گاو مرده
برای پوسیدن
به هر طرف میکشد

من از شهر اعدام جسم ها
هراسی ندارم
وقتی ادم های را دیدم
که روح خود را به اجبار
بار ها اعدام کردند

خناق

اینجا نبات و شهد همه خناق میشود
حتی دعا میان گلو، عاق میشود

اینجا که حرف همدلی در اوج و ابتدا
ناگفته بر مزاج تو شلاق میشود

بسکه ز تیر جور زمان خورده یی به چشم
هر تیر این کمان تو یک ناق میشود

اینجا تمام رسم زمان مانده در ریا
صید قزل به زور همان غاق میشود

در نور روز روشن و در غیبت غروب
صد چشم محو کوری یک راق میشود

در خانه یی که پیکر و دیوار و در نداشت
یک ابله در بنای دو سه طاق میشود

خانه من در بهشت

آدرس ام

کوچه گل های یاس

در عقب دیوار های کاه گلی پوشیده از پیچک های سبز

زیر تنها درخت شمشاد

درست در مقابل شاهراه نور

بهشت

کد پستی: اسمان هفتم ...

سرزمین خدا

برای خودم نامه مینوسم

حدس میزنم ادرسم همین باشد

سریع تر از دو فرشته روی شانه هایم

خوب و بدم را مینویسم

مبادا فراموش شود!

ذوق مرگ شده ام از وقتی

حساب قرض های دیگران

از شاهبرگ های هزار و یکشب ضخیم تر شدست

حساب، حساب است

کاکا، برادر

خیلی آدم ها به من قرضدارند

از کجا اغاز کنم

دختری خشمگین و روانی که در صف مکتب، هر روز تکه روت را از من میدزدید

شیر علی، که هر روز در شیر اب می ریخت و مادر کلان نفرینش میکرد
معلم که بجای تدریس، سر صنف جاکت میبافت
برقی که از پدر هر ماه رشوه میگرفت
دکاندار که ساخت چین را سه برابر بنام جاپان به همه میفروخت
زن همسایه که همیشه غیبت میکرد و از دیگران بد میگفت
ملای که همه محله را بخاطر کم دادن پول خیرات کافر میخواند
و بعد
قرضدار ها بزرگتر میشوند و هیبت شان کریه تر
عساکری چشم ابی که خانه رویایی پدرم را با راکت نقش زمین ساختند
مردی که در لاچاری پدرم برای نجات، داشته هایمان را مفت خرید
یک مرد ریشدار که برای پاسپورت جعلی قالین و دالر میخواست

کسی از قلم نیافتد
از قرضدار های آشنا به بیگانه میرسم
آنی که درد مرا نمی دید و میگفت افغونی پدر سوخته یی
یک پشاوری که خانه طویله گونه را در حیدراباد
به یک مهاجر خسته افغان بنرخ الماس کوه نور به کرایه میداد
و یک قماش غول یک چشم دیگر
چه از من و چه بیگانه
که دروغ گفتند
افترا بافتند
و بنام دین
بنام این
فریفتند و بردند و تباه کردند

بگذار حساب کنم

برابر سالهای زندگی ام

ضرب دو

قرضدار های هستند

که خانه کوچک خیالی مرا

در کوچه کاه گلی

امیخته به سبزی پیچک ها و بوی ارامش یاس های سفید و لیمویی

در سرزمین خدا

ضمانت خواهند کرد

ضمانت، ضمانت

خانه کوچک من

شاید همان خانه دوست

که پنجره هایش به لطف ظلم آدم های روی زمین

به باغ بهشت همیشه سبز خدا در اسمان هفتم باز خواهد شد

داعیه

برای روز تازه، ملتی بیدار میخواهم
سر جلادگان را بیدرنگ بر دار میخواهم

تمام شهر را آزین برنگ شاد میبندم
برای زن ستیزان وحشت سنگسار میخواهم

محاکم را به هر سویی برای حق مظلومان
و ظالم را در ان درمانده اقرار میخواهم

برای کودکان یک روز آبی پر ز خوشبختی
و قانون قلم را واجب و اجبار میخواهم

حضور تیره گی را بیدرنگ بر نور میبخشم
ز شب یک رفتن دایم و بی انکار میخواهم

برای انتحاری و تمام عرف این کوران
به حکم دین لقب چون مردن مردار میخواهم

به دوش هر منافق پیشه و هر نرخ بازاری
چو ضحاک رنج بی پایان ز نیش مار میخواهم

برای کوری آنی که ما را شرم و ذلت داد
به چشمش رشته مژگانی ز جنس خار میخواهم

ستایش

نه خراباتیم و شوق خرابات مراست
نه می و ساقی و میخانه مناجات مراست

نه به کف سبحه و در دل همه بغض و کینم
نه چو زاهد به لبم ورد و به دل بی دینم

نه چو درویش که دربند سرایت باشم
نه ملنگم که ز تو کاسه گدایت باشم

نه بمسجد و کلیسا به درت دست دعا
نه پی پرده پلیدی و برون مرد خدا

من تو را در تپش قلب یکی مور سیاه
من تو را در رگ گلبرگ و نفس های گیاه

من تو را در فر پرواز کبوتر از جال
من تو را در گذر روز و مه و ساعت و سال

من تو را در پس هر موج خروشان و روان
من تو را در کف هر کودک و هر پیر و جوان

من تو را در بر هر رنگ و ز خود بیرنگی
من تو را در پی هر شادی و هر دل تنگی

من تو را در تن هر کون و مکان میبینم
من به هر خلقتی از عشق نشان میبنم

من خود از خویش در این دیر کهن باخبرم
من خودم خلقت محبوب، خودم یک اثرم

ما چه بیهوده تو را در پی جا میجویم
گنج در خانه و ما گرد سرا میجویم

بی شک هر خلقت تو از تو نشانست بما
همه او، هر چه در این کون و مکانست بما

پدرم دهقان است

پدرم دهقان است

و به بازوی خودش شخم زد این خاک سیاه

در میان دل ترکیده هر انگشتش

یک جهان وجدانست

آب و نانیست به حلالی چو عسل

که فلک هم به جوانمردی او

حیران است

پدرم دهقان است

نان خود را به کف همت و صد آب جبین

سر این سفره پاکی که از او مانده بجا

هر شب و روز به غلامی همان همت خود

مثل خان می آرد

و برای همه مان حرف و سخن

گه ز جهد چشمه

گه ز مرگ گیاه هرزه و پیچیده به شاخ

و گهی هم سخن پاکی تندیس زمین

بزبان می آورد

پدرم دهقان است

نسل او دور ز هر شاه و ز هر صدر نشین

نه به قلب کسی از خشم زده تیر خلاص

نه به بازار سیاست بفروشد او کلاه

نه به دام خشن فتنه و تبعیض کند رنگ جدا

نه برای دو سه کاغذ و دو سه صفر بزرگ

خود و وجدان خودش را ببرد زود ز راه

کمرش خم شده ست

نه برای تعظیم

نه برای فرمان

نه برای کسی یا بهر کمی نام و نشان

بلکه از بس که کشیدست کهن بار جهان

پدرم دهقان است

نان این سفره او نیست بخون آلوده

حرف او صاف و مبرا و شفاف و سادست

دل او پاک بسان کف هر سجاده ست

پدرم انسان است

و دلش میتپد از بهر دیگر انسان ها

و به او هر تپش قلب مصلای دعاست

روح او پاک ز زنگار زمان و دنیاست

پدرم انسان است

عشق انسان و زدودن ز غم و بند کسی

و شکستن ز اسارت و ز چنگ نفسی

به کتاب پدرم

برترین ایمان است

خوشه غم

غصه های دل تو خوشه تریاک شدست
هر نفس نشئه شاداب تنت خاک شدست

لگد و مشت و تحمل، سخن زشت و پلید
انقدر جنس تو دیدست که بی باک شدست

مهره میدوزی به هر شال سرت وز اشکی
خوی تو مثل خزان مرده و نمناک شدست

دل تو گور نهانیست که در ان خون جیگر
انقدر غوره ز غم بسته که چون تاک شدست

غم مخور، تاب بیاور که میان تو و سنگ
صیقلی بود که الماس زغش پاک شدست

اعتبار بنویسم

فکر کردم قرار بنویسم، از محبت شعار بنویسم
فکر کردم که از فریب زمان، بگذرم، اعتبار بنویسم

فکر کردم که خنده را بر لب، دلقک اسا به زور بنشانم
از میان چمن که مرده روم، اندکی لاله زار بنویسم

فکر کردم که اشک را گویم، برود برکه یی دگر یابد
چشم را چون شب سیاه و سریر، سرمه گیرم و تار بنویسم

فکر کردم ز انزوای دلم،لانه هرزه غمی گیرم
مثل مستکبران برای خودم، شادی را انحصار بنویسم

فکر کردم بجای همدردی، مثل هر کس ز درد بگریزم
هر کجا مجلس ترنم شد، لطف تنبور و سار بنویسم

فکر کردم ولی نشد بخدا، این من عاصی و روال دلم
انقدر خسته ام که بی تردید بر خودم انتحار بنویسم

فکر کردم، قلم ز دستم ماند، کاغذم یخ زد و بجا خشکید
من بیچاره در زمستانی، سعی کردم بهار بنویسم

میکشند مرا

اینجا بنام دین و خدا میکشند مرا
مظلوم و بی گناه و صدا میکشند مرا

گاهی میان مسجد و گاه در ملای عام
در انتحار و شوق خطا میکشند مرا

عالم بفکر ماه و مریخ است و مشتری
اینان به جهل مطلق ما میکشند مرا

هر فکر تازه در پی فتوای تازه مرد
در اتهام کفر و جفا میکشند مرا

اندیشه های کهنه چو خفاش و مار و مور
با نیش و زهر پوده جدا میکشند مرا

این جاهل و منافق و مشرک چه بیخبر
در سجده حین حمد و ثنا میکشند مرا

این خفله گان اهانت بر کیش و مذهبند
بهر بهشت و حور و صفا میکشند مرا

اینجا ز خون کودک من سرد و تیره شد
عاری ز ترس و خشم خدا میکشند مرا

مرگ لانه

غروب ختم کسی از کرانه می اید
ببین که سایه غم سوی خانه می اید

به جسم سرد صدا در اخیر عمر چنین
نفس نفس ضربان با چکامه می آید

ز پیچ و تاب حوادث شکند عمر رسید
چو تار زلف که در چنگ شانه می اید

هزار نکته باریک و حرف تازه بمرد
که نانوشته به خط، مرگ خامه می اید

تنی که رنگ سفید کفن ندید و برفت
چی دیر، دیر که حال حله جامه می آِید

تمام شاخه سیاه گشت و روز اخر شد
که اژدها نفسی سمت لانه می اید

چه ساده چشم دل خویش بر رهی بستیم
که کس برای نجات زمانه می اید

امید در کویر

نگاه تک درختی کج

شکسته قامتش با روزگاری سرد

میانش از همه ایمان ها خالی

دو چشمش لانه زنبور های زرد

کنارش رود خشکیده

مقابل مرده مردابی که در آن وز وز گنگیست

بدور از ریشه هایش خاک نمدار زمین گرم

شکسته دست هایش از چپ و از راست

پریده رنگ ناب قهوه یی از چوب اندامش

سفید و پرکشیده آن قناری از لب بامش

میان هر رگش زخمیست ناسور از شکستن ها

درون قلب او پر موریانه، سرد ماتم ها

گهی یک لاشخوار مست و بی احساس

کشد منقار خود را بر کف چوب درخت خوار

گهی زاغی نشیند بر سر دوش حزین وی

گهی ماری گزد بشکسته شاخ بی بر و بی بار

نگاه تک درختی کج

هنوز هم بر افق ها مانده پا برجا

اگرچه قلب او مردست

اگرچه جان او را روزگار پست آزردست

ولی این تک درخت کج

میان باتلاقی پر ز مار و وحش

کنار یک کویر خشک

بدور از جنگل سبزی که روزی شاهد آن بود

هنوز هم خواب فردای دگر دارد

هنوز هم چشم بر راه دو سه قطره ز بارانست

هنوز هم با دلی مرده

هوای سبز بودن را

میان دست های خالی و بشکسته اش در این کویر خشک

بیاد روز های خوب پار

او شاد میدارد

هنوز هم تک درخت کج

امید روز بهتر را

فقط با یک جوانه بر سر یک شاخه کوچک

بسان انقلابی از بهار وز طراوات ها

به جانش پاس میدارد

امید تک درخت کج

به بودن هاست

به ماندن ها

به جنگیدن برای روز بهتر

روز سبز جنگلی گونه ست

که از او یک نفس چون سایه ابری

که آبستن به بارانست

همیشه دور می ماند

فریب

کی است انکه تو را از خودت جدا کرده
عجب ! که منطق ات بر جهل اقتدا کرده

کی است انکه دغل، خام و با ریا و فریب
دو چشم روشن تو، کور توتیا کرده

کی است انکه به دستت تمام شهر تو را
به زنگ و وحشت بیگانه همنوا کرده

کی است انکه به تو بسته صد سلاح ثقیل
خودش بدور و تو را در میان رها کرده

کی است آنکه به سوط کلام بی معنا
دو گوش ذهن تو را کر به هر صدا کرده

کی است انکه دگر بار بنام دین و خدا
خودش نماز نخوانده تو را فدا کرده

لعنتم باد

لعنتم باد اگر عشق تو وز جان برود
یاد تو یوسف گم گشته ز کنعان برود

لعنتم باد اگر در کف هر رنج و سرشک
سرمه خاک تو از دیده و چشمان برود

لعنتم باد اگر کابل و هلمند و فراه
یاد هرات و مزار، زابل و لغمان برود

لعنتم باد اگر در کف این حادثه ها
نهر پنجشیر و کنر، شور شبیرغان برود

لعنتم باد اگر در بدل آب حیات
خاطر مرده چمن وز تن پغمان برود

لعنتم باد اگر رنج تن بودایت
بی اثر، بی خبر از خاطر عصیان برود

لعنتم باد که در خاک به غم مانده تو
خنده از مردم بهسود و اروزگان برود

لعنتم باد که در این گذر روز و زمان
سبز تخار و نوای دل پروان برود

لعنتم باد اگر در شب تاریک و سیاه

نور پارون و شفق از رخ بغلان برود

لعنتم باد اگر در پی ترویج نفاق

قندهار، قندز و غور، وردک و جوزجان برود

لعنتم باد اگر فارغ از احوال خودم

یاد ان رنج و غم ملک یتیمان برود

لعنتم باد اگر راحت کوه و چمنت

نقشه خاک گهر بار تو اینسان برود

حاشیه

مرا در حاشیه بگذار

در کنار شاهراه افکارت

تا قطره قطره فرات احساس را

بر آتش گداخته ذهن مذاب تو

به آرامی یک خاطره لبخند

بیافشانم

اینکه دست های چه کسی

شادیمان را ربود

یاد تو هست

یادم ست

خانه یی ، کوچه یی

جوی آبی، و نقش یک زندگی ساده

تا اینکه

پنجره زخم برداشت

و عاصی شد حتی آن پرنده

که مترسک را دوست میداشت

نامت چی بود

من کی بودم

باز گم شدم

آنقدر که قطب نما پیوند هم

راهی نمی یابد

یادم ست

شهر در دود بم گم شده بود

و تنوره میکشید وقتی
طلسم آرامش سفید ما
با تو در هم شکست

حال فقط تلخیست
مثل مزه گس یک خیال نارس
و فریاد های بنفش
حال حتی دلقک ها هم در لبخند های سرخ خود
غم دارند
ولی هنوز نمی دانم چرا
در میان کابوس فاجعه های دیرینه
و نفرین های پار
در میان نبض کوه سنگی
و روشنایی خودسوزی درد ها
نوازش باران نفس هایت نهفته ست
که هر روز با ایمان من
تفسیر میشود

فکر میکنم یاغی ام
من که در شهر فتوا های مفت
و بغض اعتقاد های توخالی
در شبح حضور نامرئی تو
تحول ختم اعتصاب احساس را دقیقه میگردم

فکر میکنم باز
من در حاشیه ام

و تو

در زمینه

تو رسم خیمه شب بازی را آموخته یی

که باید چسان ایستاد و خندید

ولی من هنوز به رسم اعتراضم

بگذار برباد دهد زبان سرخ

سر گداخته از افکار سبز را

تولد یک دختر

نگاه های مضطرب

انتظار کشنده

سوال های پی در پی

بوی اسپند سوخته و دود

صدای مهره های شیشه یی یک تسبیح

طنین صلوات و دعای مادر کلان

فضای گرم و دم کرده یک اتاق

ازدحام زنان

و چشمان خسته یک مادر

در انتظار تولد پسری!!

درست در همان لحظه تو می آیی

زمان می ایستد

نفس در سینه حبس میشود

و صدا در گلو خفه

اتاق خاموش و چشم ها میخکوب بر زمین

مادر چشمانش را میبندد و زوزه های زنان گوش اش را پر میکند که

"خیر اس...دفعه دیگه بچه میشه"

بعد از تسلیت ها تو را در تکه یی میپیچند

و در گوشه یی میگذارند

تو دیگر دست به دست نمی چرخی

کسی بر گونه هایت بوسه نمی زند

و پدر
با افتخار و سرور نمی خندد
تو از همان لحظه یی اول، سنگینی هجم هستی ات را در این دنیا با تار و پود وجودت
حس میکنی

از خانه یی که تو به دنیا می ایی
نوای شادی و سرور بر نمی خیزد
هیچ کس گوسفندی برایت قربانی نمی کند
و پدر
صدقه یی برای سلامتی و طول عمرت
نمی دهد

در خانه یی که تو بدنیا می ایی
طاق هایش مزین به قران است
اسم محمد ص بر دیوار اویخته
اما کمتر کسی سوره النسا را میخواند
و به قصه های فاطمه و خدیجه گوش میدهد

در خانه یی که تو بدنیا می ایی
خاموش بودن را می اموزی
و مثل یک شاگرد خوب
همیشه نامت را در اخر لست مینویسی
و ارزوهایت را هر صبح
مثل گرد و خاک کفش های براق مردانه
با گوشه چادرت میزدایی و هیچگاه سرت را
از حاشیه شانه هایت

بلندتر نمی کنی تا مبادا به خطوط مقدس تبعیض شان

اهانت کنی

در خانه یی که تو به دنیا می ایی

به تو می اموزند که گذشت و صبر و استقامت و مهربانی و بردباری و فداکاری

جاده های یک طرفه یی هستند که فقط تو در ان سفر خواهی کرد

در خانه یی که تو به دنیا می ایی

از مادری زاده میشوی اما اخر نامت همیشه بنام پدر و شوهر و برادری مزین است

و تو هم مثل خانه، مثل قالین، مثل باغ انگور

میشوی جز اشیا

که از نسلی به نسل دیگر به ارث برده میشود

در جامعه یی که تو بدنیا می ایی

سیاه سر" را بنامت پیوند میزنند"

تا سیاهی روزگارت را همیشه به یاد داشته باشی

و تو

برای همه نهال سیب میکاری

زندگی میدهی و زندگی میسازی

تا اینکه خود نمی دانی که زندگیت را

در این گیرودار

به کی و کجا گم میکنی

میشوی فرش راه ارزوی دیگران

که از خود هیچ ارزوی ندارد

و برابر یک مشت خاک سیاه

چیزی را که از ان خود بخواند، نمی یابد

در خانه یی که تو بدنیا می ایی

موهایت سفید میشود

ولی تو

همان سیاه سر باقی میمانی

و سیاهی روزگارت هرگز به سفیدی نمی گراید

و تو

در ذهن کسانی که خود پرورده یی

برای همیش و مثل همیشه

ناقص العقل باقی خواهی ماند

شهر مرده

نوعی شک است که مرا از تو جدا میسازد
واژه من و تو را، دور ز "ما" میسازد

نوعی دردی که نمیدانی کجایش ببری
خشم و طغیان تنفر ز دعا میسازد

جمجمه خالی ز افکار و خرد مانده ببین
مغز درمانده فقط مرگ و سزا میسازد

چشم ها بسته و گوش دل ما کر و کبود
آه ! این بیخبری، بین که چه ها میسازد

این چی رازی که به رفتار کج چرخ زمان
لشکر مرگ ز ما، خوب، فدا میسازد

در میان غم این گلخن پردود و سیاه
هر ز غن نخره طاووس بجا میسازد

چون ربودند ز ما حکم صدا و جبروت
یک بجا مانده ز ابلیس خدا میسازد

همت اقرار

قسم خوردم اناالحق را ز دل تکرار خواهم شد
ز جان فریاد لعنت گونه یی بر دار خواهم شد

قسم خوردم که بگشایم در هر بسته زندان را
به هر آئین مفلوکی، خط زنهار خواهم شد

قسم خوردم که هرگز بد نگویم می فروشان را
به یکرنگی مستان سجده ایثار خواهم شد

قسم خوردم زبان گردم به کام بی زبانی ها
به هر بی منطقی من حجت انکار خواهم شد

قسم خوردم که راه دوست را با جان صفا بخشم
چو بغض حسد مانده بر دل اغیار خواهم شد

قسم خوردم که ایمانم گرفتن دست انسانهاست
تمام سنت پیشنه را پیکار خواهم شد

قسم خوردم که کعبه خانه دلهای محتاجست
به زهد پشت پرده همت اقرار خواهم شد

قسم خوردم که تا باشد، قلم راهم، قلم دینم
تمام صحبت ناگفته آن یار خواهم شد

تف به رویت

تف به رویت روزگار، ای ریشه ات خوار و جبون
روزگار، ای روزگار، ای روز بی پروای دون

تا به کی در چرخ بی معنای تو، معنا رود
در کشاکش های دوران های تو، سینا رود

این سیاهی تا به کی از چرخش ات زائل شود
حقه ها در کام صد نیرنگ تو باطل شود

ای تو پیر بی مروت، در دو دست تو قفس
ای به قلب تو تباهی، ای به دست تو نفس

تا به کی در این ترازو، وزن ماتم میکشی
بر کف دست و جبینم، خط صد غم میکشی

خانه همسایه روشن، کوچه هایش پر صفا
در میان خانه ما، اشک و ناله در عزا

هر صداقت پیشه یی در چنگ تو محتاج نان
هر ریاکاری ز لطف تو شهنشاه، شاه و خان

روزگار، ای روزگار، ای تف به هر بود و نبود
تف به رویت، تف به فالت، تف به تو چرخ کبود

رحمت به ناکجا

گم کرده ام رهی که رود سوی ناکجا
اینجا اگر کجاست، مرا روی، ناکجا

صد حرف حق که مانده گره در گلوی من
یک نعره میشود ز طبع و خوی ناکجا

اینجا که در پلیدی صد عقده فاسدست
خوش میروم به ساده فراسوی ناکجا

این زهد و این ریا و تملق، نصیب تان
بخشیدمش به تار سیه موی ناکجا

از شر این تعفن افکار و بغض و رنج
آبی شوم برنگ همان جوی ناکجا

اینجا نفس گرفت و قفس پست و بی تبار
من زنده ام به لطف تب و بوی ناکجا

صد نعره و نفیر و تنفر ز این سلوک
صد رحمت خدا به همان کوی ناکجا

این غم بیصدای ما

می شکند ز عقده یی، ناله بی نوای ما
خنده به هر کی می رسد، جز به من و سوای ما

این سر کوچه پر ز سوز، ان بر کوچه شور مرگ
کس نرسد به دادمان، غیر همان خدای ما

اینجا غمست و بی کسی، انجا نوای رنج و درد
گوش جهان چه خسته شد در پی هر ندای ما

من به کفن نمی رسم، تو به جوانی و ثمر
چشمه اشک مان فسرد، در غم بیصدای ما

در دل خاک تیره بین، نسل من و تو خفته اند
آه که چه کم شده عزیز، ارزش خون بهای ما

مانده میان خون و جنگ، دیده تمام رنج و غم
حتی یزید سرکشد ناله در این عزای ما

غرور مرده

ز روز سفله دلان، شام تار یار خوشست

ز مکر موعظه خوان، جام می هزار خوشست

به نور روز که در ان ز راه، بیراهی

دو چشم کور به از دیده خمار خوشست

ز تیغ مانده خفا در کنار برگ گلی

حقیقتی که نهفتست به زخم خار خوشست

ز خوان مردم بیگانه لقمه ها خوردن

شکم گرسنگی و مرگ باوقار خوشست

ز چنگ شر عقاید به زور یوغ ستم

رهیدن و گذر و رفتن و فرار خوشست

زندگی

یک پنجه نور بود و خدا بود و زندگی
یک خانه در حریم ثنا بود و زندگی

یک شادی عمیق نهان در دو پلک چشم
صد شور و صد طنین و نوا بود و زندگی

یادم نمی رود که چه ها رفت و خاک شد
یک شهر بیکران، که ز ما بود و زندگی

شب ماه و روز رحمت خورشید و نور او
سرخی فقط به رنگ حنا بود و زندگی

در سایه قناعت و در پرتو امید
هر کس به زند خویش رضا بود و زندگی

مردانگی اصول و مروت، اساس کار
خنجر زدن ز پشت خطا بود و زندگی

در راه و رسم و خط و نشان، واضح و درشت
هر دشمن و چه دوست، بجا بود و زندگی

آری گذشت روز و زمان و اصول پار
انجا که اصل و شرط، وفا بود و زندگی

ان روز های آبی و ان روزگار سبز

وقتی که صلح و مهر و صفا بود و زندگی

دل من سنگ شدست

دل من سنگ شدست
تو چه میپرسی چرا؟
من از ان کشور بدبخت به جنگ اکنده
من از ان شهر پر از ماتم و در خون مانده
با دو دست خالی
با دلی سرخ ز خون جیگر و آه به لب
با دو چشمی که دگر اشک در ان خشک شدست
ز سفر آمده ام

تو مپرسم که چرا خنده ز لب رخت ببست
یا که غم پای زنان طرفه شادی بشکست
تو مپرسم که چرا نیست تب و شور حیات
در میان دل من
در بساط غم و تاری دوصد گور سیاه
گم شده منزل من
این همه قبر که میبینی ز الام منست
ان یکی از طفلی
این دگر موج جوانی و سرانجام منست
من همه باخته ام
تو ز بازنده سراغ و ره کی میجویی
من به جنگ باخته ام
کودکی را چو ببینم
ز خودم میپرسم، که چه شد طفلی من

که چرا پر کشید اینسان به میان غم و رنج

روح رنجور طفولیت و معصومی من

یاد بادا و یاد

که ز ترس گوشه پیراهن مادر بر دست

و تنم می لرزید

با صدای هر بم

قطره اشک ز چشم ریخته مادر من

روی مو های سرم میلغزید

من به دل میگفتم: شاید امشب خدا رحم کند، شاید یکروز پدر راه نجاتی یابد

یا که ظالم به دیار دیگری کوچ کند

دل من سنگ شدست

تو چی میدانی که درد وطنم زارم کرد

زخم ناسور جیگر داد وز روح و دلم

همه شادی بگرفت

همه لبخند برچید

و دو چشمم به ره خاک وطن کورم کرد

این منم می بینی

هستم و هستی من جای دگر مانده بجا

گرچه لبخند به لب دارم و گاه میخندم

این همه نقش نقابیست به رویم بخدا

تو ببین حال مرا

همچو سرگشته وجودی که پی جان گردد

من پی کشور مظلوم خودم میپویم

گر به خاکی بنهم پا و نسیمی باشد

بوی خاک وطن خویش در ان میجویم

او بود

دیروز وقت عصر، خدا در زمانه بود
در هر نگاه خسته من، محرمانه بود

یکروز سرد پار، میان سکوت و برف
در لحظه وداع پدر، بی بهانه بود

در برگ های مرده و در شاخه های عور
او با طنین زوزه بادی، روانه بود

در قلب کوچک و نگران کبوتری
در چشم غم گرفته و بغض شبانه بود

در شور شاد ریزش باران و قوس رنگ
مثل امید تازه میان کرانه بود

در گرمی محبت یک مادر حزین
در شفقت و نوازش او، کودکانه بود

در لحظه شقاوت و شلاق و بیم مرگ
او در میان ضربه هر تازیانه بود

در جلوه توصل خورشید روی شمس
آری خدای من، بخدا، عاشقانه بود

او در میان حجم و میان قصور کسر
چون معجزه به بطن وجود بی نشانه بود

او در میان نعره مست و صدای عجز
هر نغمه و نوای بلند چکامه بود

او بود در تجلی حسن حضور خویش
کور انکه در کنار او، مبهوت خانه بود

خنده زن!

غم خنده زن، جنازه ما میشود برون
تریاک تازه میچکد از لخته های خون

غم خنده زن، که نیت باد، مرگ لانه بود
اندیشه ها ناب هنوز در جوانه بود

غم خنده زن که مزرعه از ریشه مرده است
افکار پار را همگی گاو خورده است

غم خنده زن، که سفسطه است در خروش ما
گاهی سوار قاطر و گه زین به دوش ما

غم خنده زن، که مسخره است این روال کار
با یک اشاره کرسی و با یک اشاره، دار

غم خنده زن، که قافله در ختم راه شکست
در چنگ گرگ و شیر و سگان تکه پاره گشت

غم خنده زن،بخند، بخند، تا سرشک سرد
ریزد به روی گونه ات از انتهای درد

اختناق

در فکر من، عقاید من انتحاری است
اینجا نفیر سرد جنون از چه جاری است

یک حلقه دود رنج و کمی درد بیکران
بر آه من همیشه چرا، افتخاری است

از طیف نور و رخنه یک ناتوان شفق
حتی غبار شیشه عمرم، چه عاری است

در دوزخ دریچه چشمان من همیش
یک سوزش ظهور تگرگ بهاری است

یک آدمی به هیبت شیطان و حسن نوح
فالی بزد بگفت، نصیبت به خواری است

دستی که بال مرده میان قفس نشاند
گفتا تمام زندگیت استعاری است

یکی بود، یکی نبود

یکی بود یکی نبود

زمین و سرزمینی بود

همسایه ها همه حسود

خاکش پر از جسم کبود

مردمش در سکوت و هم

دو چشم پر اشک ز غم

نه شادی داشتند نه بهار

نه عید و نی هراس پار

سایه فاجعه همیش

بر سر هر خودی و خویش

صدای توپ و تانک و بم

نفیر مردن و ستم

مردم بیچاره بخون

ز ظلم گرگ و شیر و دون

نه کس بفکر زندگی

نه در نقاهت و سکون

یکی بود یکی نبود

روزی و روزگاری بود

چوپان و قصاب یک نفر

گوسفند ها بیخبر ز شر

پادشاه مست جام وکام

وزیر پی پول و مقام

زاغ و زغن میان راغ

مور و ملخ میان باغ

رعیت بیچاره نزار

گشنه و بی خانه هزار

یکی بود یکی نبود

ملتی این چنینی بود

صد قبر بی نام و نشان

هر روز مرگ و درد نان

خانه یی بی اساس و خام

نه در، نه دیوار و نه بام

نه کس که دلسوزی کند

نه کس که همدوزی کند

نه کس که یک لقمه نان

دهد از ان نجات جان

یکی بود یکی نبود

همین و بس همینی بود

ملت بیچاره یی بود

پادشاه، پادشاهی نکرد

ترک خودخواهی نکرد

وزیر دلسوزی نکرد

ترک زراندوزی نکرد

دهقان دهقانی نکرد

کار وجدانی نکرد

بخاطر خاک و خدا

با نیت پاک و صفا

بخاطر نسل خودش کمی فداکاری نکرد

معشوق

کنار کعبه هر حاجی عجب شوری به سر دارد
طواف عشق را کردن به معشوق این اثر دارد

اگر مست است گرم جام، وگر درویش با سبحان
سخن با یار گفتن بیصدا لطف دیگر دارد

به کویت صوفی گمنام، به راهت گرد بی مقدار
نه ان زاهد، نه ان شیخی که تسبیحی ز شر دارد

یکی گفتا که این خوابست و من بیزار بیداری
عجب خوابی که دل نفرین به هر مرغ سحر دارد

دل من کعبه نام تو گشتست وز ازل اینسان
که از خود بیخبر لیکن ز تو هر دم خبر دارد

نه اسان نیست در راه تصوف مرتبت جستن
مگر معشوق وز لطفش به ما نیم نظر دارد

ناله نی

"بشنو از نی چون حکایت میکند
از جدایی ها شکایت میکند"

نی نمی داند که در نیزار من
تیشه بر دست اند و نی ها در کفن

نی نوازان سر به سر بیگانه اند
صف نیشینان حریم خانه اند

حکم نی زن میچلاند نی ستان
ترس داسش برده هر نی را توان

بشنو از نی چون حکایت میکند
از خود و خویشان شکایت میکند

درد و سوزی را که می اید ز نی
درد غداریست در هر خون و پی

ملک افغان چون نیستانست، گوش
جام قدرت برده مایان را ز هوش

ما همه با هم برابر، یک سر ایم

لیک بر فریاد یکدیگر، کر ایم

این من و تو کی شود اخر بگو

کی به اخر میرسد این گفت و گو

شیعه سنی، تاجیک و پشتون چرا

هموطن با هموطن در خون چرا

ما همه انگشت یک دست ایم، سست

متحد گردیده میگردیم، مشت

دست وحدت میدهم بر دست تو

تا که دشمن، محو گردد هست تو

نوت: بیت اول این شعر از دفتر اول مثنوی معنوی مولانا جلال الدین بلخی میباشد

ریا

تفسیر خدا بسته به تسبیح و ثنا نیست
محبوب خدا، عابد پر رنگ و ریا نیست

این شهر پر از حیله و نیرنگ و خیانت
در مسجد این محتسبان، نور خدا نیست

دانم که تو زاهد به ره غیر کشانی
در راه خدا، رسم سر و خون و بها نیست

در میکده و دیر و خرابات محقر
نورست و صفایی که به تزویر شما نیست

ان بیخبران راه تو بر بنده فروشند
ره بر تو، که جانی و ز جان هیچ جدا نیست

با خنجر جهل، خون تن خلق تو ریزند
این بیخردان را که دگر شرم و حیا نیست

بر نام خدا، دکه و بازار و دکانهاست
حراج عقاید که به دین، پیشه ما نیست

ای انکه فروشی تو به خون اجر قیامت
در مذهب من، کشتن یک مور، روا نیست

انسان شو

من کافر و مردودم، تو خوب و مسلمان شو
من پیرو شیطانم، تو رو کمی انسان شو

من گر ز سیاهی ام، من حافظ تاری ام
تو نور و صفا آور، تو ناجی برهان شو

راه من اگر باطل، راه تو به حق باید
این وحشت و طغیان را، ختمی تو به بطلان شو

من گم شده در خوابم، خوش آنکه تویی بیدار
این قافله را دریاب، تو پرتو رحمان شو

من گمره و بی دینم، تو رهبر و فرمانده
رو طبل اناالحق زن، منصور دل و جان شو

من قدرت درمانده، تو شور قیامی سبز
بشتاب و تمامش کن، ختمی تو به دونان شو

در این جدل آخر، نور و شب و خفاشان
از عمق جهالت خیز، تو منطق ایمان شو

بگذار بفروشند

بگذار بفروشند همه خاک وطن را
این پهنه غم دیده بی نام و کفن را

بگذار که ز بابا و سلیمان و ز واخان
بیگانه برد اب و گل و باغ و چمن را

بگذار هریرود و کنر و دره پنجشیر
هلمند و کرم، باج دهند زاغ و زغن را

بگذار که شهد و شکر نعمت این خوان
حراج کنند، مفت برند مشک ختن را

بگذار بریزند و بتازند سیه مردان
تاراج کنند، حرمت هر سرو و سمن را

بگذار چراغ در این کلبه ربایند
با تیر زنند منطق هر اهل سخن را

بگذار در این خطه یی رنجیده و مغموم
بر دار کشند، سر بزنند کودک و زن را

اینجا که همه غرق تضاد خود و خویشند
بگذار، به نوبت بفروشند، وطن را

از یک افغان به فلسطینی

هر شادی در خرابه من سنگ میشود
دیوار کلبه تو به خون رنگ میشود

این خانه خراب منست پر ز آه و درد
وآن کلبه خرابه تو مدفن ست و سرد

من در میان برفم و سرما و حال ریش
تو در میان راکت و آتش بخون خویش

فرزند من کنار من از گشنگی هلاک
فرزند تو بدون کفن خفته ست بخاک

ما در نزاع قوم و قبیله تباه و خوار
تو در میان دین و زمینی به کام دار

حالم فسرده از بر این حاکمان دهر
حالت گرفته از همه رندان بی هنر

من سالهاست که کفتر مرده شمرده ام
خود را به دست مضحک دنیا سپرده ام

تو سالهاست که شاخه زیتون شکسته یی
از بس که درد دیده یی از خویش خسته یی

آن نخل ها و سبزی زیتون و بزم رنگ
خواهد برفت ز خاطر کنعان بزور جنگ

طوریکه رفت از کف ما هست و بود ما
ویرانه گشت و جنگ شده تار و پود ما

ما هر دو با صدای تفنگ خو گرفته ایم
از خون و درد و ناله و آه بو گرفته ایم

ما هر دو در تلاطم دنیا فسرده ایم
بیهوده رنج دیده و بیهوده مرده ایم

حرف مفت بزن

حرف مفت بزن
کیسه ات را به اندازه یک وجدان مرده، بزرگ بدوز
شکمت را به پهنای لقمه های دزدیده، گشاد
در خندق تبلور افکار جامنک زده ات غسل کن
به تهوع پوسیده عقیده ات اقتدا

موعظه کن

ادا، نه ...

وعده کن

وفا، نه

بگذار قار قار حرفهایت انعکاس قار قاری بیافرید
که در همهمه بیمناک آن،
سراسیمه راه راست هم با کج بیامیزد
حرف مفت بزن
قار قار کن
که این جهانیان
فقط مدهوش صدای طبل توخالی اند
و بار ها با نوای ان
تا لب پرتگاه
رضاکارانه قدم برداشته اند

اینجا صداقت

ارزشی بیشتر از گل پلاسیده روی میز را ندارد

که در کنار یک گل پلاستیکی سرخ

هویت اصلی و مرده و پژمرده خود را

و هویت همیشه بهار بی خاصیت او را

به طراوات گلابی که روزی از گلبرگ هایش چکیده بود

عزا میگیرد

حرف مفت بزن

که واقعیت ها و اصالت ها

مردست

و این مردم بیگانه و بی خاصیت و در تصنع

میپرستند، می اندیشند و تباه میگردند

سیاه سر

ای بیخبر بیا و بدان اینکه من، کی ام؟
نه! نصف تو، "سیاه سر" تو، از تو کم نی ام

من زنده از قبور عرب سر گرفته ام
از همت و شجاعت خود بر گرفته ام

من در کنار رهبر هر دین و دور و کیش
همگام و همطراز و صدا بوده ام همیش

هر قهرمان ز همت من گشته پایدار
من مادر تمام همان رند و هوشیار

بر دست من تو پا به پا راه هشته یی
از شیره وجود زنان مرد گشته یی

در مشت و سنگ تو نبود انقدر شعور
تا باز من دوباره روم زنده در قبور

من در حصار پنجره ها سبز مانده ام
بر هر امید مرده خود نبض شانده ام

با رنگ اتشی که بخود میزنم ز درد
روشن شود تمام سیه روزیم ز مرد

من جهد روزگار و نشان شقاوتم
من یک زنم، مجال تو کی درک همتم

ای بیخبر ! ز امر خدا ای نفیر زشت
من مادرم، به زیر کف پای من بهشت

آموز غیرتی تو ز من ، من که جسته ام
از سنگ و عمق قبر چسان زنده رسته ام

امروز هم به همت خود میروم به پیش
در مکتب و جماعت و جمع، با حضور خویش

هر کو که ظلم و جور کند بر زنی روا
او کافرست و مرتد و مغضوب کبریا

بریز

یک قطره اشک سرد به نیزار ما بریز
بر قلب خسته در تن انکار ما بریز

در خانه یی که جز غم و اوهام مرگ نیست
یک جرعه اعتماد، به زنهار ما بریز

انجا که مرگ گل بخدا غیرتست و ننگ
لعنت فرست و طعنه به دستار ما بریز

یک لحظه در کنار سیاه شیشه محو شو
صد احسنت به محبس شهکار ما، بریز

در بادیه که درد در ان ریشه کرده است
جرات نما چو لاله به هر خار ما بریز

در رسم پر بریدن هر بال با شکوه
نفرین به هر حماقت در کار ما بریز

خوبان شهر ما همه بر دار میشوند
اشکی بحال چوبه هر دار ما بریز

جنگ من و جنگ تو

ما گرمای زندگیمان را به جنگی سرد از دست دادیم

جنگی از دو عقیده

یکی برای ازادی و رهایی ...

دیگری برای مساوات و برابری

ولی این جنگ

ازادیمان را گرفت و ترقی تازه به پا خواسته مان را از پا در اورد

و تهی دستمان کرد از تهی دست ترین

تو ماندی و جنگیدی

من رها کردم و از مرز گذشتم و رفتم

من باغ سبز آرزو هایم را

آواز شاد همبازی هایم را

مکتبم را و معلمی که بعد با راکت تکه تکه شد

کاکا ها و خاله ها و ماما ها و عمه هایم را

خانه کوچکی را که حاصل دست رنج پدر و مادرم بود

و هر چی را که میشناختم، رها کردم

از مرز گذشتم

تو ماندی و جنگیدی

تو هم باختی

هم بازیت هایت را

خانواده ات را

خانه کوچکی که فرش زمین شد

درخت سیبی را که پدرکلانت برای نسل بعد تو کاشته بود

از من و تو بازنده های خوبی ساختند

هر دو خاموش

هر دو سر درگم

هر دو بیصدا در دنیایی که فرصتی برای ترحم به ما نداشت

تو ماندی

شاید خوشبخت بودی

تو رنج زندگی در غربت را نچشیدی

طعنه ها و تمسخر ها و لقب های را که به ما دادند

نشینیدی

تحقیر و درد تنهایی و بی کسی

از هم زبانی که دروازه مکتب را به رویت بسته بود

و سعی میکرد تا عرصه زندگی را از انچه هم که بود

بر سرت تنگ تر کند

و به تماشای رنج هایت بنشیند

تو جنگ خود را داشتی و من جنگ خود

جنگ احساسات، جنگ عقاید

جنگ روانی، جنگ اعصاب

جنگ توپ و تانک

جنگ زنده ماندن در یک کشور بیگانه

تو در افتاب گرم تابستان در بطن کوه ها خفتی و جهاد کردی

من در اتش گرم کمپ ها سوختم و پوست انداختم

تو سلاح را به سمت دشمن هدف گرفتی

من دستانم به سمت درگاه خدا برای نجات

تو خون گریه کردی و من خون خوردم

تو کوه به کوه بنام جهاد گشتی و

من کشور به کشور برای نجات

تو جنگیدی و پاهایت را به ماین باختی

در گوشه یی افتادی چشم به در

تا شاید کسی لقمه نانی برایت بدهد

یا یک جوره پا

مهم نبود هر چند هم که بزرگ باشد

تو پا میخواستی

و من راه ، تا بگریزم

از کشوری به کشوری

تا شاید ارامش برباد رفته ام را در ان بازیابم

تو جمعه ها به مسجد رفتی و با دوستانت قصه کردی

من در کشوری بیگانه، جمعه هایم را باختم

اواز اذان را نشیندم

و لطف عید ها و شادی هایم را از من ربودند

تو جنگیدی به امید ازادی وطن

و من جنگیدم به امید بازگشت به ان

تو اهسته اهسته فهمیدی که جنگ بهانه بود

که تو را فریفته اند

که تو مهره شطرنجی بیش نبودی

و جهاد فی سبیل الله جهاد تو نبود

من فهمیدم که ارامش گم شده ام را در هیچ کشوری نخواهم یافت

که این تپیدن ها، این رمیدن ها از مکانی به مکانی

فقط یک تسلی ساختگیست و بس
من و تو هر دو جنگیدم
اما برای هیچ
من و تو هر دو باختیم
اما برای هیچ
از من و تو نسلی اشفته و سرگردان و وحشت زده
دیوانه و خسته و حیران پیدا شد
اما برای هیچ
حال دیگر جنگ سرد نمانده
سیاستمداران دوست شده اند و قرارداد صلح امضا میکنند
اما ایا کسی هست که گرمای گم شده زندگی مان را به ما پس بدهد
کسی هست!

کسی هست که قیمت سالهای برباد رفته عمرمان را
دردهای قندیل بسته در قلب مان را
با ما به حساب بنشیند
کسی هست که امید های برباد رفته مان را
که مرده های نزدیک نزدیک نزدیکمان را
دوباره زنده کند
باز هم مثل همیشه
صدایم در عمق این دنیایی بزرگ میپیچد و مثل هزاران صدای دیگر
اهسته اهسته، در پژواک بی عدالتی ان خفه میشود

افرینش یک زن

می گویند
مرا آفریدند
از استخوان دنده چپ مردی
به نام آدم
حوایم نامیدند
یعنی زندگی
تا در کنار آدم
یعنی انسان
همراه و هم صدا
باشم

می گویند
میوه سیب را من خوردم
شاید هم گندم را
و مرا به نزول انسان از بهشت
محکوم میکنند
بعد از خوردن گندم
و یا شاید سیب
چشمان شان باز گردید
مرا دیدند
مرا در برگ ها پیچیدند
مرا پیچیدند در برگ ها
تا شاید
راه نجاتی را از معصیتم

پیدا کنند

نسل انسان زاده منست

من

حوا

فریب خورده شیطان

و می گویند

که درد و زجر انسان هم

زاده منست

زاده حوا

که آنان را از عرش اعلا به دهر خاکی فرو افگند

شاید گناه من باشد

شاید هم از فرشته یی از نسل آتش

که صداقت و سادگی مرا

به بازی گرفت و فریبم داد

مثل همه که فریبم می دهند

اقرار می کنم

دلی پاک

معصومیتی از تبار فرشتگان

و باوری ساده تر و صاف تر از آب های شفاف جوشنده یک چشمه دارم

با گذشت قرن ها

باز هم آمدم

ابراهیم زاده من بود

و اسماعیل پرورده من

گاهی در وجود زنی از تبار فرعونیان که موسی را در دامنش پرورید

گاهی مریم عمران، مادر بکر پیامبری که مسیح اش نامیدند

و گاه خدیجه، در رکاب مردی که محمد اش خواندند

زلیخای عزیز مصر و دلباخته یوسف هم

من بودم

زن لوط و زن ابولهب و زن نوح

ملکه سبا

من بودم و

فاطمه زهرا هم من

گاه بهشت را زیر پایم نهادند

گاه ناقص العقل و نیمی از مرد خطابم نمودند

گاه سنگبارانم نمودند و

گاه به نامم سوگند یاد کرده و در کنار تندیس مقدسم

اشک ریختند

گاه زندانیم کردند

گاه با آزادی حضورم جنگیدند

گاه قربانی غرورم نمودند

و گاه بازیچه خواهشات

اما حقیقت بودنم را

و نقش عمیق کنده کاری شده هستی ام را

بر برگ برگ روزگار

هرگز

منکر نخواهند شد

من

مادر نسل انسان ام

من

حوایم، زلیخایم، فاطمه ام، خدیجه ام

مریمم

من

درست همانند رنگین کمان

رنگ هایی دارم روشن و تیره

و حوا مثل توست ای آدم

اختلاطی از خوب و بد

و خلقتی از خلاقی که مرا

درست همزمان با تو آفرید

بیاموز

که من

نه از پهلوی چپ ات

بلکه

استوار، رسا و همطراز

با تو

زاده شدم

بیاموز که من

مادر این دهرم و تو

مثل دیگران

زاده من

دلم گرفت

دلم گرفت

نه برای خودم

برای سایه گم شده یک درخت البالو

که خود را کشیده کشیده به ماورای دیوار رسانید و خشکید

دلم گرفته

نه برای شیشه شکسته

برای قاب خالی پنجره که هر روز

مرگ او را با ختم انعکاس نور هذیان میکند

دلم گرفته

نه برای اغاز

برای ختم هیزم های خشکی که در تنور روزگار

بیاد دشت های گل ارغوانی

جرقه گریه میکنند

دلم گرفته

از همه بودن های که بودیم

هستم هایی که هستیم

و خواهم بودن هایی

که به اجبار خواهیم بود

دلم گرفته

برای درختی که قد کشید و مرد

پنجره یی که شیشه اش شکست

و هیزمی که روزی از جنس گل بود

دلم گرفته

مثل خسوف

در سایه ناخراشیده چرخش روزگار

که سیاهی را همیشه بر نور

غالب میسازد

گفته بودم

گفته بودم که دگر زند حصاری نشوم
مرده باشم و به هر زنده قراری نشوم

گفته بودم که در این شهر پر از رنگ و ریا
به غم و رنج کسی راه فراری نشوم

گفته بودم که به تاراج و غم مرگ چمن
ز رگم خون نفشانم و بهاری نشوم

گفته بودم که در این حبس ابد غیر خودم
پر پرواز به هر جغد تباری نشوم

گفته بودم که چنین ساده و بیرنگ و سپید
محو عطر در هر غرفه عطاری نشوم

گفته بودم، نشنیدم، سخنم ماند و بمرد
من چسان در غم هر گرد، غباری نشوم

هر چی باشی

درخت اگر باشی
بخاطر میوه هایت
شاخه هایت را خواهند شکست
و در برابر چشمانت مفت لقمه خواهند زد

شمع اگر باشی
در تاریک ترین وادی ها
بر سرت اتش خواهند افروخت
و تنت را ذره ذره ذوب خواهند کرد
تا بزم خود را به قیمت مرگ تو بیارایند

چاه اگر باشی
بخاطر اهتزاز سکونت
بر تو سنگ خواهند افگند
کبوتر اگر باشی
بخاطر ختم پروازت
بالهایت را خواهند برید
طاووس اگر باشی
بجرم زیبایی ات
بر تو زنجیر خواهند بست
اسب چموش اگر باشی
غرورت را با افسار و نعل و پالان
خواهند شکست

انسان اگر باشی

به نرخ روز سودایت میکنند

و با چماق عقاید هلاکت

تا تو هم بنرخ روز خود را بفروشی

هر چی باشی

از تو چیزی میسازند

که با خودت نامانوس ست و بیگانه

و تو حیران

در برابر ائینه بدنبال خودت میگردی

و از چهره کریه یی که از انسو به تو زل زده، میپرسی

"مرا ندیده یی؟ "

شکست غرور

روزی بود که به خیال خام خود

فکر میکردم که سرنوشت را

به دلخواه خود با سر انگشت روزگار

روز به روز بر اوراق زندگیم

خواهم نوشت

و تقدیر را باور نداشتم

وقتی مرتاض سیاه سوخته هندو

در مهره های رمل اش

خط های معوج کوچک و بزرگ دستم را

با چشمانی از حدقه بیرون

معنا میکرد

هنوز تقدیر را باور نمی کردم

روزی بود که با تکه شیشه یی شکسته

خط های دستم از هم برید

و من به روزگار خندیدم

و خط های سرنوشت اش

که حال بر کف دستم خون قی میکردند

در فراق انحنای یکدیگر

فکر میکردم که الهه یی

از جنس در صدف نشسته یونانی ام

که با خم ابرو بحر را به تلاطم می افگند

و پروازم

از تبار پرستو هاست که هرگز در قفس نمی گنجد

ولی

خط ها شفا یافت

و به پیشگویی مرتاض بهم پیوست

و من حیران و ناباور در میدان سرنوشت

در برابر تقدیر

سه خط در برابر صفر

شکست خوردم

زن نوشت

در هجوم انجمادی سخت تلخ
دست تقدیر نام من را برنوشت
در کنار ادم و باغ بهشت
زن پدید امد،
حوا و سرنوشت
او اگر شاخه شکست
من ساختم
ادم ار بیفتد من برداشتم

خانه را از بهر او من روفتم
یک دو سه فرزند هم اندوختم
لیک ادم قلب پاکم را ندید
حس و روح رنگ و ذاتم را ندید
مرد گردید ادم و
در این میان
نام زن را بر جبین من فشاند

طرح گندم را چشیدن خود سرشت
مجرم ترد بهشت، زن را نوشت
بر زمین افتاده ام با او کنون
این من و این زند و این مرد جبون
گه بخود اتش زنم تا بنگرد
درد ظلمی را که خود او مصدرست

گه بنام عزت و ننگم بدار

گه بنام غیرت مردان چه خوار

گه تعصب خون من جاری کند

گه پدر در مرگ من یاری کند

گه برادر با غرور و ادعا

گه ز همسر گشته عمر من تباه

تا به کی این سوختن ها

تا به کی

دهشت و تاریکی و صد ناله نی

من دگر هرگز نخواهم این مجال

رنج و درد و اه و غم

هرگز محال!

وقت انست تا به دست خویش من

ریشه های جهل و ظلمت را به چنگ

برکنم از خاک و جایش زیستن

بودن زن را به این دهر کهن

با جهاد خویش اموزم ز جان

تا که دانند قدر من، قدر زنان

هر که زن را از جهان برتافتست

نسل خود را در کف خود باختست

این جهان بی من، چی بیرنگ و کسل

هر چه خوبیست از زنانست ای خجل

گر به دار و گر به خون و گر به جهد

بهترش سازم برای نسل بعد

تا که بر ارامگه من، دخترم

گویدم صد افرین بر مادرم

بهار می اید

باز بهار می اید
ولی در موطن من موج خون و طغیانست
در سفره من بجای شیرینی و نقل و نبات
رشته ها و گوشت های سوخته مرده های انتحاری
و یک مجمر گرسنگی و فقر و روده های خشکی که سالها یک شکم سیر
نان نخوردست

آی! آی! که تراژدی نویسان قرن
باید به ضیافت این سرزمین بیایند
تا ارضا کنند غریزه های جنایت و فاجعه و کشتار را
از جسم های کودکان باد کرده و سوخته و کفیده
تا نعش های تکه پاره شده مردان و زنان
تا خاکی که خون استفراغ میکند و بوی چرک و گوشت پوسیده میدهد
و در هر وجب ان جسم های کرم زده
دندان های برامده و جمجمه های سوراخ شده
پنهان و عیانست

این سرزمین که از میوه هایش خون میچکد
و اب چاه هایش از شوری اشک مردم ان
قندیل نمک بسته
این سرزمین که بجز تنفر و خشونت و کشتار و وحشت
چیزی بخود ندیدست
و مردمانی که هنوز

که هنوز

بر سر کودکان گرسنه و لاغر و مردنی ان

شرط سیاسی میبندند و در میدان سیاست خود

انها را جبهه جبهه سلاخی میکنند

شرمی ندارند

اینها فقط به کشتار میدهند برای پیروزی یک مفکوره عفونی و چرک گرفته سیاسی

و امید واهی اینکه از قصاب ها

با خلال کردن و خالی ساختن دندانهایشان از گوشت ادم

دوباره آدم بسازند

اگر نه انسان!

اینجا سراب است

آهای! مردم به هوش

که در عصر ما

عقل و اندیشه را میدزدند

نه ثروت آبایی زمین و گنج و گاو را

آهای! مردم به هوش

که در قرن ما

جمجمه های پر از زباله تجلیل میشود

و مفکوره های ناب همیشه واژگون گلوله ها

آهای! مردم

به هوش

که مغز های عاری از منطق

پیشوا و رهبرند

و مفکوره های اغشته به دلیل

محکوم و مهدوم

آهای مردم

اندیشه های بکرتان

در الودگی فضای ماورای عقل ها

عفونی خواهد شد

و در این زمان تکثیر ویروس فکری

سلول منطق تان هم فلج خواهد گردید

و واکسین های نجات

شاخ های به بزرگی افترا
و دم های به نیابت شیطان را
در ان خواهند کاشت

آهای! مردم
در منفذی از حقیقت خود
به هر چه که چشم ها
و گوش هایتان دید و شنید
ایمان نیاورید
حتی اگر در شکنجه مذاب سرب ورد های تکراری
پوست تفکرتان، ابله برداشت

آهای! مردم
اینجا همه سراب است
و آب نیست
حتی ان چشمه یی که از دور
در برابر سقوط باور تشنگی تان برای آب
این چنین شفاف و تازه
میدرخشد

زنگ

من

حجم شادی را در رنگ چوری های شیشه یی دیدم

که از دست های زمینی سیاه سوخته زنی

بر پوست بیرنگ و مرده دستانم

اویخته شد

من

عظمت ارامش را در فضای مرمرین مسجدی حس کردم

که در کنارش

بت ها ارام بر سکون و وقار و هیبت حضور او

برای همیشه به اختیار خود و نه به اجبار

در سکوت احترام فرو رفته بودند

من

محو کودکان مو ژولیده یی شدم

که با سگ های ولگرد دو برابر من شاد بودند

و مردی که با یک چپاتی میخندید

زنی که مثل یک ترکه چوب شمشاد

بی غم و سبک

ساری پر از ائینه خود را

ماهرانه در تلولو خورشید

به هر سو میبرد

من

محو ارامشی خاک زده

و نارنجی

و پر از وزوز مگس

و پشه

و جثه های لاغر و سیاه سوخته

و دست های ترک برداشته

و کفش های کهنه و خاک زده و بزرگتر از پا هایی

که انگار از زمان پیدایش بودا تا حال زمین را طی کرده بودند

شدم

من

محو خنده و رضایت یک لقمه نان خشک

و قناعت یک چاشت افتابی و گرم و سوزان

و نسیمی که بخشش گناهان را

از گنگا و جمنا با خود اورده بود

گردیدم

من در چشم های سیاه و مذاب گونه

یک دستفروش چهار ساله

که بر شیشه موتر ها در سرک میکوبید

و گل های زرد را با دست های قهوه یی

به اجبار میفروخت

لذت ارامش فقر را دیدم

که با جنگ

همراه نیست

و در حضور یک توده انبوه جثه های لاغر که در سرک

زاده شدند

خنده خدا را

که مرا در برابر استقامت شان

به رقابت میطلبید

و رنج و غم های دست سوم و چهارم و پنجم مرا

مسخره میکرد

وصیت نامه

یک وصیت نامه مینوسم

برای منی که سالهاست کفن را نزدیکتر از هر احساسی یافتست

داشته هایم را میان شما تقسیم میکنم

شاید روزگار بهتری با شما داشته باشند

مهره های رنگین کنار آئینه را

به دخترانی بدهید که جرات پوشیدن انرا در افتاب دارند

رنگ ناخن ها و لبسرین های را که نداشتم

به زنان تابو شکنی که قدرت امیختن رنگ را در بیرنگی جنس مونث

دارند

یک وصیت نامه می نوسم

خنده هایم را پنبه بسازید

برای لانه یک پرنده

تا گرمای تن جوجه بی پر او شود

و اشک هایم را به باغ بسپارید

تا در پای بوته گل ضعیف تشنه که در جدال درخت های غول پیکر

از نور و اب باز ماند، بریزد

یک وصیت نامه مینوسم

برای منی که سالهاست کفن را بیشتر از هر پیرهنی دوست دارد

اندیشه هایم را به قرن اینده بسپارید

تا شاید ذهن های بیشتری با درک و همدردی

انرا هضم کنند

امید هایم را یک رنگین کمان صد رنگ بسازید
بر فراز کوه قاف که همیشه ارزو های همه در ان نهانست
شادی هایم را در گوشه یک خانه متروک بکارید
تا درختی از سیب های حلال سرخ
با طعم شیرین ذوق بروید
و غم هایم را
در چاه سیاهی بیاندازید به تیره گی دیو هفت سر قصه ها
تا بپوسند در خفقان رنجی که زائیده وسعت انهاست

یک وصیت نامه مینوسم
من هرگز در کنار ارامگاه جسم کسی اشک نریخته ام
مگر اینکه روحش مرده باشد
شما هم
بخاطر روحی که ازاد میشود
در یک روز افتابی
اوج و عمق و پهنای یک پرواز با شکوه را
برایم برنگ آبی ازین بندید
دلم برایتان میسوزد
که در این پرواز
شما کوچک میشوید
و من و آسمان ......بزرگ......و برای همیشه

بیم و خوف

مرا ترسی به پهنای عمیق تار زندانست
که در پیچ و خم ان چند طالب گرم هذیانست

مرا دردیست کهنه مثل هر پیچ و خم راهی
که در ان بی مروت بم به زیر خاک پنهانست

ضمیر و ذهن من درمانده از تفکیک خوب و بد
میان انتحار و سبز و آبی، گیج و حیرانست

مشوش، بی پلان، مردود و سرگردان و سر در گم
سخن ها در قطر لیکن به شهرم عید قربانست

نه سرنخ میدهد شاهی، نه راهی مینماید خان
چو توپی در میان غرب و شرق این خطه ویرانست

یکی با پرچم افکار، دگر زیر لوای دین
دلیلی بر کرایه ماندن این خاک بی جانست

سبق ها داد ما را زندگی در مکتب دوران
ولی تکرار بد از خاصه ما نسل افغانست

عجب تا کی ز شرق و غرب ، تا کی این نفیر درد
گناه ماست، آری ما که در ما مرده وجدانست

دزد ها

دزد ها آری!
از کرانه از میان کوره راه دور
از میان تپه های غفلت دیروز و فردامان
باز در راه اند

دزد ها آری!
از نفیر بیخبر در زیستن هامان
از تنفر، از غرور مفت و بیجا مان
باز در راه اند

دزد ها آری!
در لباس دوست و با ترفند همخونی
زیر پوست شهر خفته میخزند اینسان
بیخبر دروازه ها بازست و ما در خواب
باز خواهند برد قلب شهر بی سامان

دزد ها آری برادر، دزد ها در راه
میتپد قلب تمام شاخه ها در جان
میرود آرامش نور چراغ تازه و لرزان
سایه تاریک و شومی، شام بی پایان

دزد ها آری، چه باید کرد
ما به تاراج و به قتل و غارت دزدان

عادت دیرینه داریم و نمی جنبیم

تا به کی این سرنوشت، این درد بی درمان

دزد ها آری برادر باز در راه اند

باز این ما و من و تو، باز یک سودا

باز تکرار مصیبت، باز ترس پار

باز درد مرگ و مردن، باز همان غوغا

مذاب

دمای فوران مذاب مغزم
اتشفشانیست وقتی
لرزش دست ها خط مستقیم را
منحنی میشود و
کاغذ، در قطره های عرق
توفان سونامی گونه، کشتی نوح را
بر ساحل میکوبد

یک لحظه
همین لحظه یی که گذشت
رستاخیز بودنم را
گم کردم
در شکوه هیبت سایه خودم
بر دیواری که از من نبود
و ضربانی که در عقب ان
بصدای عقربه ساعت
تیک، تاک گونه
میگشت
باز این اتشفشان افکار و
انگشت های سوخته
در جستجوی سنگ فکری
که در تلاطم ان
مذاب نشده باشد

بیدار میشوم

من در جمود خشم زمان سار میشوم
در عمق و بطن حادثه تکرار میشوم

من در عزای منطق هر مویه های فهم
منصور در تسلی هر دار میشوم

در ابتذال ژاژ بجا مانده از حریف
آواز در تلاوت انکار میشوم

در رنج ابتهال و سزای شکست جان
اشکی برای همت اقرار میشوم

زنگی برای گوش و صدایی برای روح
آری! چنین پیامبر اسرار میشوم

در رسم جانفشانی و ایمان و اعتبار
خاری به چشم تیره اغیار میشوم

وقتی دلم برای تو میگیرد ای خدا
در دامن حرای تو بیدار میشوم

ققنوس

همان جایی که هستی باش، تا من ارغنون گردم
به رنج لاعلاج زندگی شور جنون گردم

همان جایی که هستی باش، تا من نور را بینم
میان حس خوفم من رها از رنگ خون گردم

همان جایی که هستی باش تا من اوج برگیرم
ز پستی ها و پوچی ها، بدرآیم، برون گردم

همان جایی که هستی باش، تا من راه خود جویم
ز هر چه رفته باز آیم، همان گردم، کنون گردم

همان جایی که هستی باش، تا من روح و جان گردم
چو ققنوس در نوازش های اتش سرنگون گردم

ختم افسانه

در این دنیای عاقل ها، فقط دیوانه میخواهم
نه دیوار و نه سقفی بر سر این خانه میخواهم

در این دنیای پستی ها، در این بازار آدم ها
کمی انسان، کمی وجدان به هر پیمانه میخواهم

میان بودن و رفتن، به زهد و میگساری ها
گهی مدهوش مستی و گهی فرزانه میخواهم

در این طغیان تاریکی، در این تردید ماندن ها
پیامبر گونه یی از جنس صد پروانه میخواهم

دو سه شاخه شقایق در میان عطر یاسینی
چنین رنگی، چنین ختمی به هر افسانه میخواهم

رستگار شدم

نرفته در پی آتش چه خاکسار شدم
فدای راه پر از سوده و غبار شدم

حریم خانه به تاریکی زمانه بخفت
ز خفتنش چه دگرگونه بیقرار شدم

تمام باغ فسرد و نه گل، نه لاله برست
میان مرگ چنین ماندم و بهار شدم

اگر چه آئینه بشکست ومرد بی تصویر
ولی به گریه جامانده اش قرار شدم

فضای مرده پائیز و لحظه های جمود
به پاس زردی هر رنگ او انار شدم

تمام حرف فروخفت و عقده حائل شد
چنین نفیر سکوت گشتم و شعار شدم

چو اشک از نفس چشم تن سرازیرم
هزار قصه ز من گشت و شهریار شدم

میان نقش من و نقش او چه تصویری
که بر طواف نرفتم و ذوالفقار شدم

به من بگفت صدایی ز کوره راه ازل

که رحم به کافری کردم و رستگار شدم

خلقت طناز

بگذر از حجب و ریا، حرف دلت باز بگو
پرده بردار و خودت شو، همه با ناز بگو

غم مخور! این ره بی پیر زمانست چنین
تو بمان!شاد بخوان، حرف بزن، راز بگو

عقده هایت بگشا، اشک بریز، آه بکش
به قفس از پر و بال و فر پرواز بگو

مثل نور، باز سر از روزن شب آر برون
به قناری ز شکوه سخن و ساز بگو

چو نسیم بر تن صحرا و چمن باز بریز
بی هراس انچه دلت خواست به آواز بگو

گرد آئینه زدا، مشک فشان، رنگ بریز
به خودت بین، به خودت خلقت طناز بگو

کی هستی تو

کی هستی تو، تو بیگانه
نه در هوش و نه دیوانه
نه از خود، نه ز بیرونی
نه مسجد، نه ز بتخانه

کی هستی تو، تو دردانه
که بر حقی، نه افسانه
گهی خاری و گه گلبان
تو نور و رنگ گلخانه

کی هستی تو، تو فرزانه
که نامت بر سر نامه
نه تاریکی و نی نوری
تو شمع قلب پروانه

کی هستی تو، تو جانانه
که جان دادی به کاشانه
نفس گشتی و روح و تن
نجیب و تند و رندانه

کی هستی تو، تو بیگانه
همیشه در تن و جامه
فدای نام زیبایت
خدای خوب این خانه

خدا هستی در ان بالا

خدا هستی در ان بالا

صدایم میرسد ایا زمان سجده بر گوش ات

صدای خسته و مظلوم یک انسان

به عرش ات میرسد ایا؟

خدا میدانم اینجا خاک ناپاکست و آدم ها

همان نسل فرو افتاده از جنس فریب و مکر

همان نسلی که بر ان سیب شیطان غالب و طعمش فسونگر شد

همان نسلی که قتل بنده ات را پاک میخواند

به خون غسل و وضو کرده و راهش را به سمت جنت ات در مرگ میداند

خدا هستی در ان بالا

خدا می بینی این دنیا

دلم گاهی فقط یک ذره مهر و نور و گرمای ز جنس تو طلب دارد

در این دنیا که مرگ و خون و قتل و وحشت و دردست

چه بی وجدان، همان آدم تمام خصلت حیوانی خود را

به راه پاک تو، همراه میداند

و جسم کوچک یک کودک معصوم و بی کس

این چنین در اوج بیرحمی

به ضرب سرب گرمی

در میان خون میماند

خدا هستی

خدا تا کی

نفیر مرگ و اشک و دود و رنج این تبار غم

و خونی که میان ذره های خاک ان جاریست

و سنگ و صخره و کوهی که پژواکی ز درد و ناله های مردمان گشتست

بگو

تا کی

بگو

تا کی

نه اشکی مانده در قاموس چشمی و نه آهی تا که دود درد را گیرد

خدایا، بر لب هر مانده در ماتم

فقط نام تو و تکرار تو ماندست پا بر جا

اگر رحمی کنی بر حال این دریای طغیانی

دگر هرگز

دگر هرگز

مبادا چشم مان بر جثه یی از کودکی در خون

و یا در مرگ انسانها و مرگ آدمی مظلوم

خدایا تا به کی این فاسدان با نام تو گیرند

جنین بر خون نشانند مردمی بی بال و بی پر را

خدا تا کی بنام تو، سر انسان ز تن باید جدا گردد

خدا تا کی بنام تو، تمام مردم مظلوم من بی دست و پا گردد

خدا تا کی بنام تو

خدا هستی در ان بالا

خدا

می بینی این دنیا

خدا یکبار هم بر حالت زار زمین من نگاهی کن

و این درمانده کوچک میان خون

چرا باید چنین باشد

که هر کودک میان خون خود اینسان

بخوابد، تا به کی ، تا کی

خدا هستی در ان بالا

به درگاهت دعا دارم

خدایا هر چه بازار فروش دین و ایمانست

خدایا هر چه ادم پیرو این رسم شیطانست

خدایا هر که خونی را بنام تو قرین سازد

خدایا دست انکه کودکی را این چنین سازد

به قهر خود تباه کن این گروه دین فروشان را

بسوزان، محو کن، ختمی رسان این خود فروشان را

خدا هستی در بالا

خدا می بینی این دنیا

باغ و داس

باز هم ابری سیاه بر پهنه این اسمان
باز هم رعدست و باران ست و طوفانی نهان

باز هم این کشتی بشکسته در دامان درد
باز نبض زندگی ماندست بیجان، مرده، سرد

باز هم در باغ ویران ترس از الام داس
باز چشم هر جوانه در نفیر و در هراس

باز هم لبخند نیمه مانده از صبح و شفق
میشود محو و ز جانش میرود شور و رمق

لیک، اینبار این درختان متحد با یک صدا
دست داسی را که چوبی بود، کندند جابجا

باغ بعد از سوختن ها خوب میداند ز جان
قدر خاک و قدر اب و عمر نور و قدر ان

باغ اینک نیمه جان با روح تازه استوار
پاس میدارد تمام خاطرات دور و پار

باغ میداند که باید متحد تا هر توان

همچو کوهی آهنین خیزد علیه این خزان

رفت ان وقتی که هر شاخ و جوانه ساده بود

مرگ گل ها در چمن میثاق این پیمانه بود

رفت ان وقتی که اتش در میان باغ ریخت

سوخت هر شاخه و بیگانه زغن بر راغ ریخت

باغ بشکست در نهایت قفل این اندیشه را

دسته چوبین هر داس منافق پیشه را

باغ داند هر چه چوبست از میان راغ نیست

چوب چون در داس اویزد ز جنس باغ نیست

پسر جانم

پسر جانم، فدایت مادر تو!
که جسم خسته ام را میکشانی
به دور از شهر غم در اشک و ماتم
تو مادر را چنین بیرون رهانی!

پسر جان میروم بیرون از این شهر
که خاکش جسم بابا را بلعیدست
که در هر کوچه برمخروبه هایش
گلی از خون یک مادر دمیدست

پسر جان، تیزتر رو! تیزتر شو!
دیگر تاب بم و اتش ندارم
دیگر نیروی بستن در کفن را
به جسم کودک خود من ندارم

همه رفتند، هم بابا و خواهر
برادر یخ زد و بی نان تلف شد
فقط من مانده ام با تو در اینجا
پسر جان، زندگی زیر و زبر شد

تمام خواب ها در خون تپیدند
و خانه طعمه بم های شر شد
کسی بر حال ما رحمی ندارد
و روز و شام ما این گونه سر شد

پسر جان، چشم امیدم تویی تو
تو تنها ثروتم در این زمینی
دعایت میکنم ای جان مادر
که رنگ غم نبینی، غم نبینی

همیشه درکنارم زنده باشی
که قلب مادرت خیلی فگارست
میان روح او صد زخم ناسور
ز مرگ کودکانش ماندگارست

سفره افطار من خالیست

سفره ام خالیست

نی نشانی از حلاوت های رنگین بر کف انست

نی ز خرما و رطب در ان اثر یا از ثواب شهد شیرینش

نی غذای گرم و مطبوع نه برای حلق خشکم، جرعه یی از اب پاک و سرد

سفره ام خالیست

کودکم هر روز میگوید بوی نان خانه همسایه می اید

از چه سفره در میان خانه انها پر از رنگست

از چه این سفره میان کلبه ما سرد و بیرنگست

سفره ام خالیست

کودکم هر روز میگوید چرا بابا! ماه روزه سال یکبارست

لیک در این خانه ما رسم روزه، ماه بعد از ماه

در تمام سال در جریان و تکرارست

سفره ام خالیست

کاش میشد اندکی این سفره بی رنگ و وجدان را

من کمی همرنگ دیگر سفره ها سازم

انگبینی از نگاه کودکم ریزم

بوی مطبوع از کباب دل

دوغ شوری از نفیر اشک

شهد حلوای ز کام صبر

سبز هم رنگ تمام آرزو هایم

سرخ همرنگ تمام رنج دنیا، رنگ غم هایم

بعد من هم در کنار سفره یی رنگین
بر تمام رنگ و بوی نان ان نازم
سفره های دیگران گر پر ز نان از خون مردم شد
من به رنگ رنج خود این سفره را سازم

لیک حال این سفره ام خالیست
از همان نان به یغما رفته از این کودکان من
سفره افطار انها، پر ز رنگ و خانه هاشان
مهد خوشحالیست!

حلیمه

وقت اذان و نیمه تاریک اسمان
خواب از دو چشم شاد حلیمه پریده بود
پیراهن زری حلیمه کنار او
بر روی فرش تا دم صبح ارامیده بود

در چشم های شاد حلیمه هوای درس
امید صد نوشته زیبا نهفته بود
انگشت های کوچک او در پی قلم
صد بار در میان هوا "ح " نوشته بود

مادر برای رفتن او صد بهانه کرد
میخواست تا حلیمه نباشد چو او خموش
میخواست تا حلیمه نگردد اسیر درد
میخواست تا حلیمه نگردد کنیز و گوش

مادر کنار در به امیدی نشسته گفت
من با توام، برو تو بیاموز و بازآ
تو مثل من مباش که کنار   هویت ات
انگشت تاپه های سیاه ماندت بجا

مادر سکوت کرد چو پدر دست او گرفت
وانگه نوای سرد پدر خطبه این نمود

آری برو برای دو سه روز و بعد از ان
در خانه باش و خانه به تو بهترین نمود

کار زنست خانه و کار زنست همین
اویزه کن چو حلقه به گوشت طنین من
این درس و مکتب و سخن و هر چه نو شدست
هرگز نبوده در تبار کیش و دین من

شادی ز روح شاد حلیمه برید و رفت
از رنگ شاد پیرهنش خسته میشود
این فصل خوش همیشه برای حلیمه ها
با حکم مرد های زمان بسته میشود

یک رنگم

گهی خندم به این تفکیک های رنگ و بی رنگم
گهی گریم میان گنگی زنهار این ننگم

گهی ساکن، گهی جاری، گهی ماتم، گهی خواری
گهی زندانی و شادم، گهی ازاد و دلتنگم

گهی در چاوش درمانده یک نور شبگردم
گهی یک خنجر خونین خشم ناب در چنگم

گهی خشم ام ز جنس اتش و پولاد و آهندخت
گهی ارام ز جنس اطلس طاووس صدرنگم

گهی زخمم، گهی مرحم، گهی دردم، گهی ناسور
گهی در صلح با خویشم، گهی با خویش در جنگم

گهی یک ساقه کوچک، میان باغ بی رحمی
گهی در استقامت از تبار صخره و سنگم

نقاب روح بشکستم، رها از سلطه رندان
ولی در اختلاط بودن خود، صاف و یکرنگم

بیگانه

هوای گنگ یک طوفان به سمت خانه می اید
صدای عربده از مست و از دیوانه می اید

فضای تیره شهر عاری از اهنگ بودنهاست
نوای الوداع از حلق هر کاشانه می اید

تمام کوچه ها تاریک و متروک، سرد و بی همراه
نفیر بی کسی از قلب هر میخانه می اید

فقط فریاد بی معنای چند ولگرد صحرای
برای ختم توجیه های یک فرزانه می اید

به جرم نور بر هر روزنه دستور تحریمست
برای بستن هر پنجره، زولانه می اید

میان مهد شیران، قاطری با سم خاکین اش
چه دلقک گونه در تصویر ما مردانه می اید

سر هر دوست را بر نیزه اویزند این مردم
به استقبال اینکه لشکر بیگانه می اید

تیم پیروز

در بزرگداشت از برنده شده تیم فوتبال افغانستان در اولین رقابت بین اللملی

تیم پیروز، تیم ملی، فاتح افغانی ام
عشق میهن، شور ملت، مهر بر پیشانی ام

شیر میدان از تبار سنگ میبازد به من
این شعار قهرمانی خوب مینازد به من

گام هایم جوشش پولاد و آهن در وقار
غره هایم، صخره های کوه بابا در شعار

زاده ان خاک پاکم، کودک جنگ و تفنگ
شیر میدان گشتم از رنج زمان چون پور سنگ

مرد میدان ام و میدان شور میگیرد ز من
شور میگیرد ز شورم، نور میگیرد ز من

قهرمانم در صلابت، قهرمانم بس همین
هر که دارد تاب من، اید به میدان این چنین

گر ندانی غیرت افغانی و افغانی ام
چون به میدان امدی، میدانی ام، میدانی ام

مقام شر

بگذشت انزمان که وفا بود رسم دهر

حالا چو موش مانده زمین گیر، شیر نر

بگذشت ان صلابت اسب چموش و تیز

حالا مهار قافله بستند به دم خر

این دست باغبان همان دست قاتلست

کز شاخه ها به زور زند غنچه ها ز سر

هر بیخرد به کرسی و هر باخرد به گور

جاهل به جهل مطلق خود شاد و مفتخر

سرگشته در میان زمان،عاصی و تهی

هر جا نفیر وحشت و هر جا جمود قهر

شیطان کنایه زد به بنی آدم شریف

گفتا که رهبری تو به من در مقام شر

اجبار پایان

ما همه رنج و غم این دور و دوران دیده ایم
زخم ناسور زمان در چنگ توفان دیده ایم

ما همه بی بال و بی پر در اوج پروازی نگون
بس که جور زندگی در کنج زندان دیده ایم

ما همه ماتم نشین در این سرای جسم و جان
زانکه مرگ دوست را با چشم حیران دیده ایم

قصه تقدیر و غم در انحنای روز و شب
اشک را با هر فغان، مژگان به مژگان دیده ایم

روح من ماتم سرا، درمانده در غم روح تو
انقدر رنجی که ما عریان و پنهان دیده ایم

زخم ها بر جسم و جان از روزگار و روزگار
رحم حیوان را به خود در ظلم انسان دیده ایم

عقده ها ماند به دل در این سرای سرنوشت
زانکه قبل از هر شروع، اجبار پایان دیده ایم

خدا

دیریست که بر درگه تو خرقه به دستم
آری، پی آن لحظه موعود نشستم

دیریست که سبحه به کف و ورد تو بر لب
رحمان منی، من بجز از تو نپرستم

در راه سفر خون جیگر خار مغیلان
هر زجر کشیدم و ز هر رنج بجستم

روزی شود از گوشه ان پرده تو آیی؟
عاری شود این جسم از این درد که هستم

من روحم و روحم ز عطش های ثنایت
ان روز که من روح شوم شادم و مستم

در کنج قفس مانده ز تصویر تو نقشی
زین رو به قفس شادم و قفلش نشکستم

من زنده ز نقش نفس ات امدم اینجا
اندم که دمیدی و ز روح تو برستم

دوست گفت ام

دوست گفت ام بر طواف کوه ما، پیچان میا
عید اگر شد در طبق با خون و با قربان میا

دوست گفت ام بر رواق دل قدم را رنجه کن
اقتدا بر روح من کن، در کفیل جان میا

دوست گفت ام در خرابات روی سرخی میخرند
مست و بی پروا بیا، در پوشش و پنهان میا

دوست گفت ام کیمایی خلقتم این خاک توست
ساده آ، خاکی بیا، در حله سلطان میا

دوست گفت ام در میان کوه و برزنگ نیستم
درب قلبت را گشا، در خود ببین، نادان میا

مقدس است

برای من مقدس است دستهای

که روزی میله های قفس را شکست

و امروز برای من میله میسازد

مقدس است شکوه اشک های

که برای من ریخت

حتی اگر از چشم تمساحی بود

و ان خنده های که حلق مرداب را گشود

تا با فرو بردن خود

راکب بودن را نفی کند

برای من، مقدس است قلبهای

که در اوج پلیدی، هنوز رحم در ان سوسو میزند

و قلب های که بی خیال اند

ولی با یک قلقلک احساس

به تعظیم در می ایند

برای من مقدس است

پلیدی خالص و تقدس خالص

و دعای که با چشم های بسته

از عمق پود هستی، در برابر هر خدایی

صادر میشود

برای من مقدس است

همان چند ثانیه تردید یک جلاد

یک لحظه همدردی گرگ

و مهربانی به باریکی صراط المستقیم

حتی اگر به قیمت سقوط بر مذابی از رنج روزگار باشد

سوگواریم

در شور انهدام خودم، انتحاریم
از حس رحم خویش بخود، مسخ و عاریم

تریاک تیره ام به رگ رنج پار خود
شادم، به غم چکیده هر درد و خواریم

در نقشه زمین و زمان، گم شدم چنین
کز سیب و آدم و جبروت اش، فراریم

موجی شدم به اب و سکون رفت بیخبر
دیدی، ز انجماد، شگفتم، بهاریم

ققنوس اخرم که برقصد به شعله ها
از جنس خاک نیست چنین سوگواریم

حذفم نما به مهر ز قاموس زندگی
در انتظار مرگ، خودم، افتخاریم

بهانه

دلم گرفت برایش ترانه میخواهم
ره فرار قناری ز لانه میخواهم

دمی به عطر نفس های اخر شاعر
سکوت سبز ز جنس جوانه میخواهم

ز کوی دوست گذشتم به رنج عمر مپرس
که گم شدم، ز خودم من نشانه میخواهم

مهار رنج حوادث و چرخ کین زمان
چو زلف تار به تمکین شانه میخواهم

میان لحظه یی مردود ماندن و رفتن
برای بودن خود یک بهانه میخواهم

دوست

همیشه بود، کجا بود جای بی اثرت
نمانده پهنه پرواز بی لقای پرت

شکوه نور تو بودی، صفای رود ز تو
چکیده قطره باران ز چشم نیمه ترت

تمام کوچه چو ائینه انعکاس تو شد
به یمن قاصد در راه که اورد خبرت

جهان ز نقش تو برجا و من به نقش نهان
کشیده ام به نفس ها حضور مفتخرت

ز روی دوست جهان رنگ دوست میگیرد
گهی شمایل خورشید، گهی رخ قمرت

هر انچه میرسد از دوست پاس میدارم
چه رحمتی بنمایی، چه رنج مختصرت

ز او رسید اگر نیش، استخاره مکن
بنوش گر دهدت جام زهر با شکرت

هذیان بگو

هذیان بگو! به جای سخن از عدالتی
مغرور شو به رسم زمان و حماقتی

متروک کن فضای سر از ایده های ناب
جایش بریز چکیده یی از هر کثافتی

اینجا به مغز و جمجمه کاری نمی شود
تزویر شو ز نوع فریب و خیانتی

بیهوده رنج خسته وجدان چه میکشی
سبقت بجو به پیشه خبث خباثتی

الوده شو چو اب گل الود این سراب
تکفیر کن زلالی اب با روایتی

حراج کن دریچه افکار پار خویش
بفروش هر عقیده ناب نجابتی

آری! زمان به کام دلت میشود اگر
بی حس و بیشعور شوی بی ندامتی

قهرمان خیالی من

بگذار در خاطراتم همانطوری که بودی بمانی

قامت ات استوار درست همانند سپیدار ها

قدم هات با صلابت

نگاهت تیز و مسیح گونه

و نفس هات تقدیسی از رهایی اسیران از بند

قهرمان خیالی من

در سرزمینی که کوه هاش پناهگاه کین ست

و زمستان انجماد قلب و وجدان آوردست

هنوز انتظار توست

تو در خیال من درست همانطوری که باید

می آیی

از پهنه سیاهی ها

آه! که اندیشه مهربان ضربان قلبت

قندیل های تنفر را ذوب میکند

بگذار هر روز

راهت را با کبوتران در عزا

با گلبرگ های لاله های سیاه

با نیمه آسمان آبی که با ابر ها میجنگد

جشن بگیریم

دلم گواهی میدهد

که روزی تو وسوسه عدالت را
صدا خواهی شد
و از دستانت طراوات رویش خواهد پاشید
و آب خواهد امد دوباره
به سرابی که تشنگان در آن رگ بریده اند

قهرمان خیالی من
خیلی خسته تر از آنم که میبینی
در دیاری از عنکبوتان
تار های ناامیدی بر من تنیدست
ولی
در تپش لحظه های سائیده
و قلبی که خیلی وقتست
حرارت احساس را از دست دادست
تو نهفته یی

قهرمان خیالی من
روزی
سوار بر اسب تیزپای نجات
مسلح با حقایق
استوار با شجاعت
خواهی آمد
وانگه
لبخند های گمشده را
باز خواهیم یافت

و در پناه تو
حق به معنای خودش تفسیر خواهد شد
نه به قضای روزگار

تو نبودی

تو نبودی
تصویری بود از پیامبری
که در شمایلت ساخته بودم
و در کنار مقبره شکوه حضورت
مثل زائری از جنس مروه و صفا
التماس گشایش قفل های بسته را
برای آهوی مانده در بند، ضمانت میخواستم

تو نبودی
نمادی بود از تلاوت ایه هایی
که همیشه ابستن درد های پائیزی بود
و مثل پتک شور فرهاد
از صخره های افسرده بودن
امید فروریختنی از جنس کسرا
در جسم مداین را داشت

تو نبودی
خواب یک زخمی کنار اب بود
با وعده بهشت
با طهاراتی از جنس زمزم
با رنجی از تبار نوح
و معصومیتی به صداقت هابیل
که به قابیل درمانده در روحت

باور نداشت

تو نبودی
استخاره های حوا بود از رنج آدم
و تصور بازگشتی به بهشت
در خصامت سرخی سیبی که بر زمین افتاد
و او را فرو افگند

تو نبودی
ذهن وامانده یی بود
که بر شانه های زمینی
دو بال کشید
و همه را از جنس فرشته میپنداشت!!

حدیث عشق

قامت عشق بلندای خود از نام تو یافت
تیره شب نور سحر را ز ته جام تو یافت

انکه بشکسته همه بند و بجان مختارست
راحت جان و دلش را همه در دام تو یافت

شعله عشق ز چشمان تو سر میگیرد
هر نفس لاله ز داغ تو شرر میگیرد

پر بشکسته من اوج ز پرواز تو کرد
هر سراپرده نشینی سخن از راز تو کرد

انکه با خامه خود نقش جهان میکارید
لطف هفت رنگ کمان را همه از ناز تو کرد

چشم با یاد تو از اشک گهر میگیرد
آه در ماتم تو مانده و سر میگیرد

دل ماتم زده گان داغ ز هجران تو شد
سر خورشید غروبش به گریبان تو شد

خون پاکی تو به هر خشک رگ ایمانت
آسمان سجده به تو کرده و مهمان تو شد

ای که همت ز تو قامت چو شجر میگیرد

دل به سوگ رخ تو مانده و در میگیرد

ملکوت سر به کف و جامه سیاه پوش تو اند

همه لبیک حسین گفته و مدهوش تو اند

هرکو با گوش دلش قصه حال تو شنید

محو قربانی تو گشته و در جوش تو اند

تاج زرین نبوت ز تو سر میگیرد

باغ ایمان ز جهاد تو ثمر میگیرد

قاصدک

قاصدک
آدم ها، آدم نمی شوند
همه شان، هفت بیجاری از دو رنگی و ریا و فریب اند
یک توده معمای آلوده مثل اخلاط سرفه های عفونی
مصاب فساد و دروغ و خودپرستی

قاصدک
خودت را در هوا بکش
مبادا فرود آیی بر شانه های کسی
که تمام بودنت را
در میان دو انگشت معوج اش
در تفنن شکستن هویت تو
با نیشخند زردی به سنگینی دود سیگار
له کند

قاصدک
از اسمان خود را دریغ مدار
که زمین جای تو نیست
اینجا برای ظرافت و سادگی و معصومیت
ساخته نشده است

خسته ام

خمیازه میکشم ز همه پیش خسته ام
از این نزاع کهنه کم و بیش خسته ام

از شهد بی حلاوت حرف دروغ و مفت
از درد بی تفاوت صد نیش خسته ام

از هر چه در تصورت اید ز آدمی
حتی میان جسم خود و خویش خسته ام

از خنده ها ز بودن و از مویه ها به مرگ
از نیک و بد و زاهد و درویش خسته ام

از بازی زمان و روان کنون و پار
هم از لقای غربی، هم از ریش خسته ام

از عرعر و ز وق وق بیجا و مستعار
از حلق یک مقلد بی کیش خسته ام

دل شکسته ایم

یک لحظه صبر کن که ما دلشکسته ایم
تصویر ما یکیست، ز هم دور جسته ایم

یک لحظه صبر کن که بپچیم به گرد حال
ما پیچکیم ز پیچش غم ها برسته ایم

این موج شور ز شدت رنج سرشک ماست
پشت زمان شکست ز بس خوار و خسته ایم

انقدر بی اثر شده این درد روزگار
کز شوق زخم به خنجر دوران چو دسته ایم

امید و آرزو و کمی مهر و دلخوشی
بردار از این بساط که از آنها گسسته ایم

لیکن به عرش پاک خدا غلغلی زماست
حیران ببین به صدر چو خوبان نشسته ایم

این حله و ستایش و گوهر ز رنج ماست
تو دل شکسته یی ولی ما دلشکسته ایم

کی هستم

بنام تو بر این دیوان نشستم
از این بودن، از این بودن چه مستم

تمام عمر من یک موج دریاست
خودم بودم، خودم ماندم، شکستم

همان صیاد رحمانی که صیدم
ز دام تو، ز دام تو، نرستم

به روحم تا دمیدی سوره ها را
همان گشتم، همان گشتم، السّتم

تو را دیدم، تو را در ذره و زال
از ان دم هر چه بینم، میپرستم

روانم، یا سکونم، یا تکاپو
گهی تسجیح، گهی تسبیح به دستم

نه نورم، نی ز تاریکی و تارم
نه از عرشم، نه از بالا، نه پستم

تو در من روح درمانده، من از تو
کی هستم من، کی هستم من، کی هستم

میدانیم

در خانه کسی بود، نبود، ما آنیم
از جان بگذشتیم، مگو ارزانیم

این غلغله از روئیش او در تن ما
اقرار سرانگشت همان جانانیم

اتش چو فتد در بر ما بیم مدار
در نیمه رخ یار چنین حیرانیم

چون بلبل شوریده به باغیم ز او
در معجزه اوست که مل میخوانیم

شاهیم ز گدایی به در خانه او
اسپند به هر خال رخش چرخانیم

با اب سرشک خاک رهش میروبیم
در منزلت دوست، مگو نادانیم

در صومعه و بتکده، در مسجد و دیر
هر جا سخن یار شود، مهمانیم

این مانده نفس در تن ما کیست بگو؟
خاموش! مگو هیچ که خود میدانیم

داعیه زن

بینی ام را ببر

نمی خواهم دیگر بوی تعفن مفکوره های تو را استشمام کنم

گوش هایم را ببر

نمی خواهم صدای زوزه های تو در ان طنین بیاندازد

لبانم را ببر

نمی خواهم دیگر استیناف طلب انسان بودن خود در محکمه حماقت تو گردم

بر صورتم اسید بپاش

ناخن هایم را بکش

با انبر، تکه تکه گوشت هایم را جدا کن

موهایم را در لابلای پنجه های غیرت ات از ریشه بیرون بکش

چشمانم را با سرانگشت خشم ات از حدقه بیرون کن

با لگد و مشت تن رنجور مرا به رنگ های کبود و سیاه و سبز و سرخ، مزین ساز

پاهایم را بشکن تا مبادا طنین کفش هایم بر سنگفرش زندگی، نمازت را باطل سازد

صدایم را خفه کن تا مبادا در ندای ان از راه راست بدرایی

مرا در جوال بپیچ و در هفت تکه کفن کن، تا مبادا تو گمراه شویی

حال، به من نگاه کن

نگاه کن

چه ساده باختی و میبازی وقتی این جسم مفلوک

این موجود بی چشم و بی گوش و بینی و زبان

این تن خسته و زخمی

این روح رنجور مرده

هنوز نسل تو را میزاید

ادامه بده

بگذار نسل با غیرت تو از این ببعد

از بطن مادران بینی بریده و گوش بریده بدنیا ایدا!

این شعر نیست

این شعر نیست

هیروئین یی مخمر افکار منست

که در تبلور حرارت روز ها

به قلیان اوج نشئه اش رسیدست

دستم را که بر تن شیشه بخار زده میکشم

در سر انگشت سردم

راه یک جنگل سبز باز میشود

و دو پروانه سفید

که مرا تا لب پرتگاه ختم این هذیان

همراهی میکنند

این شعر نیست

هق هق نفس های اخر یک احساس است

که مثل اعدامی ایستاده در برابر طناب دار

قورت میشود ولی در گلو میماند

و مثل غمواره باد میکند و با طناب سیاه و کبود و ختم میشود

این شعر نیست

تفاله ایست از اجبار رفتن برسنگفرش های زندگی

و گذشت از کنار کله های دو چشم

که تعفن بیت الخلا در جمجمه هاشان

جاریست

این شعر نیست

ضجه اخر التماس یک امیدست

که کوشش کرد خودش باشد

و حال در ختم راه جنگل سبز

در بدرقه دو پروانه سفید

تمام شما را استفراغ میکند

و حصاری به سر انگشت سرد خود میکشد

بر این نهایت ختم تقلا

تا دیگر در تبخیر مغز های بیت الخلایی

امید هایش به فردا

قندیل های مشمئز افکار فاضلابی نگردند

بازار

اینجا خون و شراب میفروشند
هر دلی را کباب میفروشند

در تعفن سرای گلخن خود
مشک و عطر و گلاب میفروشند

بر سر منبر خطابه خویش
هر دروغ ناب ناب میفروشند

نخره های فتیله یی دودی
به رخ افتاب میفروشند

جهد تیز مرام منطق را
بی سر و بی جواب میفروشند

رنگ و روی حقیقت خود را
به ریا در نقاب میفروشند

قتل نفس و قتال مردم را
زیر نام ثواب میفروشند

در حضور شما چی ساده چنین
حرف خود با عتاب میفروشند

خرلنگ ز پا فتاده خویش

چه گران بی رکاب میفروشند

در میان فقط سیاه و سیاه

مثلا انتخاب میفروشند

دل تنگی

یکشب دلی برای خدا تنگ گشته بود
هر نبض آن برنگ سیاه رنگ گشته بود

یک شب دلی به چنگ غم و انزوا و درد
بی رحم گشته بود بخدا سنگ گشته بود

یک شب دلی به نام محبت ندیده گان
معراج ناله بود و نی و چنگ گشته بود

یک شب دلی ز جور غم و رنج روزگار
مشتاق مردنی ز سر ننگ گشته بود

یک شب دلی میان سرای عزای خویش
آئینه در کف اش ز خفا زنگ گشته بود

یک شب دلی که ساده و معصوم مینمود
پر از طنین حیله و نیرنگ گشته بود

آری دلی برای خدا تنگ گشته بود
محتاج مردنی ز سر ننگ گشته بود

کاخ خس

هان که ما در خود خیال خام انسان داشتیم
هر که را از ره گذشت در کیش خود پنداشتیم

در میان شهر رنگ، بیرنگی از قاموس ما
کاخ هر خس را به تار زند خود افراشتیم

سر به داریم همچو منصور زمان در کام درد
در میان هر سرابی جان خود را کاشتیم

در عیاری هر چه باشد سرخرویی آن ماست
خجلت شر و فریبت را به تو واداشتیم

هان بسا همت که در راه مروت یار ماست
فتنه پیشی را همان بر سفله گان بگذاشتیم

در نماز ما همیشه اذن قلب و قبله روح
ای خوشا ان ذلتی کز دین خود برداشتیم

یاس بنفش

زبانم را کسی هرگز

نمی فهمد، نمیداند

میان تلخ عصری

مانده ام مبهوت و سرگردان

و با یک موج قو مانند افکاری

که راه رفتن و پرواز را

در هجره اندیشه هایم

باز گم کردست

میان این تلاطم ها

همیشه سخت بیمارست

نبوغ جستن و بشکستن زنجیر ها در من

میان طاق ها هر روز

غبار سرخ را با تکه های سبز میگیرم

و با سر انگشت نبض خود

به روی قاب تقدیرم

همه آئینه میکارم

ولی در موج این برکه

نصیب من همیشه سیب مرده در کف آبست

میان نور و ماهی

بخت من یک سایه یک خوابست

زبانم را کسی هرگز نمی فهمد

نمی داند

کسی هرگز ز روی شوق خلقت های بیرنگم

نقاب ماه را بی ادعا بر من نمی آرد

کسی بی اعتنا بر آفتاب و نور

سراغ شمع و نور ناتوانش را نمی گیرد

ولی من در بر دیوار

همیشه ورد رفتن را

به گوش خشت های خام میخوانم

که تا شاید شود روزی

که در آنسوی این دیوار

که میگویند سرسبزیست

کسی یک دانه گل را

نه برای من

برای همنفس بودن

میان قلب پاک یک سفال سرد

به اشک چشم بنشاند!

منفی

در انتهای خلوت و تنهایی ثقیل زندگی
کاشک دستی میبود که طرح زدایش دردها را
در سوسوی مرده یک چراغ نفتی
زنده میساخت

در انتهای سرک های این غمکده
کاشک قامتی فرشته وار می آمد
تا با تقدیس مقدس نفس مینوشت
" تنهایی مغلوبی نخواهد داشت"

در تب افکار پریشانم
که هیمه آن از خانه های فروریخته
ماین های فرش شده
و دلهره باختن ها و رفتن ها و بیگانه شدن ها
رنگ گرفتست
دستی هر روز مینوسد
فردا آفتابی نخواهد بود و باز پرستوی
در انتظار آسمان آبی
خواهد مرد

میدانم
در انتظار پرواز یک کبوتر
از امتداد چهار چوب شکسته زندگی

چشمانم خشک تر از کویر آرزوهایم خواهد شد
آه!چه منفیست گروه خون جنگ زده من

در میان نفس های سوخته افکار مضطربم
کلمات مثبت را به دار آویختند
من فقط رفتن را میشناسم
کسی نبود تا بودن را به من بیاموزد
من مردن را با انفجار راکت های دوستانه
بیشتر از زندگی دوست دارم

من یک جنگ زده ام
با کوله باری از دل گرفتگی
و دل گرفتگی و آرزو های مرده یک ماهه و پنج ماهه و یکساله
و یک عمر برباد رفته

مرا در محاسباتت همیشه با منفی بگذار
مرا در محاوراتت همیشه بیچاره تلقی کن
مرا در تشبیهاتت سیاه بخوان
و اگر قاموس زندگی را مینوشتی
مرا در لایتنهای درد معنا کن !

سوگ

باز در شهر حزین من و تو
قصه و وسوسه یی ناب دیگر
باز دست من و آهنگ صدا
باز مرگ تو و آواز تبر

باز بر پیکر بیرنگ امید
ریسمان دیگر و دار دگر
باز در خواب پریشان سحر
میدمد روح خزان بار دگر

باز این من و تو و همسایه
که دلمان به غمی ریش شدست
باز این کلبه و این کوچه ما
غرق اهنگ غمی بیش شدست

آه! در این خطه چه بیجاست صدا
جهل مطلق که سلاحش کین است
میخرامد به تعفن همه جا
این قبا ها همگی چرکین است

آه! این چشم غمین من و تو
فاجعه دید و غم و عصیان دید
کشته ها دید و به هر گوشه شهر
خانه خود و تو را ویران دید

باز هم فصل بدی در راهست
هوش هر شاخه به سمت تبرست
دیده مرسل و نیلوفر و یاس
در غم مرگ بهار اشک ترست

اناشید من

در هذیان من چیزی نمی گنجد که بتوان آنرا حلاجی نمود

گاهی دلم در میان یک قفس هم آزادی سیب های افتاده بر زمین را

لعنت می فرستد

و گاه

در میان صبوری سفید قلب یک فنجان چای

گذشته را مزه میکند و به آینده مشکوک میگردد

سخت است

در دنیای سلول های خاکستری من

برای هر واقعه و هر لحظه یی

قصه یی نوشت

با سر انگشت زمان

خطوط حک شده بر دیوار افکارم عمیق تر میگردد

در ناستالژیک گذشته یی که کودکی مرا

در جعبه یک شهر آبی دارد

هر روز فاجعه میبارد و هر بار

مثل تب های شب های تموز

در کابوس خودساخته های خود

قبض روح میگردد

نسل دست دوم در میان مجموعه یی از عجایبم

اینکه بجای قلب دکمه یی بر دل عروسکم دوختند

باز هم ضربان های اشتیاق مرا بیشتر ساخت

پاشنه های یک جوره بوت بلند

و انعکاس صدای نفس های شورانگیز و بیصدا

هان که حریر تصور دنیای مصور من

هرگز در تسخیر جمجمه های مسلسل

در نخواهد آمد

در هذیان من چیزی نمی گنجد

تا در کالبد شکافی جسد مرده یک احساس بتوان

انرا حلاجی کرد

هذیان من

برای من است

برای من که در زوزه های زمانه

ورد های مکرر زنده ماندن را

آموختم

عمر

زین شاخ مرده شوق شگفتن پرید و رفت
گل هم بجای دیگری گلشن گزید و رفت

در این تلاطم غم و هجران و بی کسی
هر کس بهای داد و متاعی خرید و رفت

در اوج تیره گی که شب و روزمان یکیست
اشک از دو چشم منتظرمان جهید و رفت

گویند کار دشمن و از تیر نارواست
لیکن ز دست دوست چه خونی چکید و رفت

در دشت بی کسی و سراب امید تلخ
حتی نفس ز سینه به بهتان برید و رفت

آن مرغ شاد و خوش سخنی را که جان شدیم
او هم بهانه کرد و ز میدان رمید و رفت

همرنگ آب و شعله آتش کسی نشد
چون عنکبوت ز تار دو دامی تنید و رفت

این چرخ بی مروت روزست و روزگار
خوش آنکه مرگ توسن وجدان ندید و رفت

زندگی یعنی سراب

در فراسوی خط آخر خواب
و میان خط وصل دو سنگینی پلک
میتوان تنها بود
در پس مردمک چشم بدور از دنیا
میتوان خواب نوشت
میتوان قصه سرشت
میتوان با خود بود
میتوان صحبت کرد
میتوان گفت که آه
زندگی دشوارست

در فراسوی خط آخر این مرز جنون
که نفس هجم نمادین وجود قفس است
همگی یکسانند
کس امیدی به کسی نیست همین
زندگی یک خواب است
در سراپرده این خواب پر از رونق و شور
آدمی میگرید
آدمی میخندد
آدمی دست میان سبدی از الفاظ
به ازای دل و روح وطلب جان کسی
و بنرخ دو سه انبان روان و نفسی
خنده و شادی امید در او میکارد

و کمی بعد بنرخ دو سه انبان دیگر

باغ امید کسی را میبرد با غارت

زندگی یعنی همین

ارغوانی که دلش خون و رخش غمگینست

و عزای دل شمعی که تنش ذوب شدست

و دو سه قطره اشک ز کف موج شکسته بر سنگ

زندگی ختم خزئیدن به تن دیواری

کوچک و شاد و رها مثل یکی پیچک سبز

زندگی یعنی نفس های عمیق و شب و روز

و کشیدن به سر شانه دیوار وجود بار گران

و بخاک افتادن

و دوباره جستن

و ز نو باز میان خط موعد دو پلک

خواب و امید دگر را دیدن

زندگی حرفی نیست

در مسیر تپش و نبض همین ثانیه ها

حکم ختم نفس و قصد پریدن جاریست

مثل طوفان تگرگ

مثل آواز بلند دو قناری به قفس

مثل این خنده تو

مثل آن گریه من

مثل یک لحظه کوتاه و تهی از آهنگ

در شتاب نگهی یا که دو سه لفظ قشنگ

بی امان میگذرد

زندگی یعنی سراب

تصور کن

تصور کن جهانی هست کامل در پی کوهی
کنار کوچه هایش مولیان خیزد ز هر جویی

تصور کن تمام مردمانش شاد و خرسندند
نه فتنه میفروشند نی طناب دار میبندند

تصور کن کلیسا یا کنیسه مسجد سورا
و هر که در طریق خود پرستش میکند هو را

تصور کن که اشکی نیست در چشمان بیرنگی
و آهی نیست دردی نیست، مرده رسم دلتنگی

تصور کن عدالت مثل یک قانون پابرجاست
عیاری و صداقت، منطق و برهان همه انجاست

تصور کن همه هستند از هر نسل و هر رنگی
ولی دور از جدال قوم و خود خواهی و بی ننگی

تصور کن که رنگ سرخ فقط در باغ و گلدان هاست
و انجا مرگ یک انسان عذاب جمله انسان هاست

تصور کن نه کس در حبس، نه کس در خدمت دونان
بلاد عادلان باشد نه ظلم و رعیتی نالان

تصور کن که پی بردند این مردم به رمز در
به فانی بودن این عمر ، به کاذب بودن این بر

تصور کن در این خطه همه انسان و آدم بس
نه حیوان دوپا در خاصیت چون گرگ و چون کرکس

تصور کن، تصور کن ، تصور کردنش باید
امیدی باش، امیدی شو، برای بودنش، شاید

آغاز تازه

بهارست و دل من شادی و حال دگر دارد

تو گویی درد و غم از کلبه ام عزم سفر دارد

زنم مشک ختن بر زلف و سرمه بر دو چشمانم

بدوزم وز حریر سرخ جامه، وز دل و جانم

حنای سرخ بر کف می نهم تا رنگ برگیرم

دگر در حسرت رنگی به بیرنگی نمی میرم

زنم بر سمنو کفچه که از شب سخت من بیزار

بلند آواز میخوانم، همه خوابند و من بیدار

بهار آمد و عیدی داد بر من کوه و دریا را

زمین و آسمان و چشمه و هر دشت و صحرا را

چنان جستم چنان خیزم که آهو رشک بر حالم

نمی داند که نو آزاد بندم، مست و خوشحالم

قدم در کوچه و بازار و شهر امروز برگیرم

دو چشم دشمن من کور بادا! من نمی میرم

بهار آمد بکارم تخم امیدی به دامانم

کزو من حاصلی گیرم که عمری در پی آنم

نمی خواهم دگر کلکین ها را من سیاه بینم

به من بهتان گویند و بگویند هست این دینم

دگر چون رابعه هرگز نخواهند ریخت هر خونی

نخواهم شد به جرم زن شدن محکوم هر دونی

بهار آمد و رشک بوستان شد رنگ لبخندم

چو بلبل شاد میخوانم که من آزاد و خرسندم

نما عز مرا تو گر به دین خود مسلمانی

بهشت ست زیر پای من، اگر دانی که میدانی

زن افغانم و من فخر نسل آریا باشم

نشاید بر مقام من که لال و بیصدا باشم

شیون

باید به یاد مرگ سپیدار گریه کرد
تا واپسین نفس دم دیدار گریه کرد

باید غریو شد بفضای سکوت شهر
بر زخم های تک تک دیوار گریه کرد

باید ز خون جهد و عدم قصه یی نوشت
بر جسم های مانده سر دار گریه کرد

باید کنار پنجره از پر نوشت و خواند
بر مرگ گل و ماندن هر خار گریه کرد

باید بنور شمع شبی را ستاره شد
بر گام های خسته ز پیکار گریه کرد

باید میان کوچه رهی بر کناره زد
بر جهل مطلق جمع اغیار گریه کرد

باید ز او بگفت و ستود و ترانه شد
بر خاک مانده از قدم یار گریه کرد

من و نوشته هایم

من و نوشته هایم

من و خط های معوج بر قلب رنگ پریده یک کاغذ

من و قد کشیدن در آفتاب نگارش ها

ترسیم تصویر خیالی باغ ها

و اسمانی که هرگز ابری نمی گردد

رویش خیال پرواز خیل کبوتر ها

قطب نما های به سمت خوشبختی

شکستن دروازه های طلایی قفس ها

صدای قهقه خنده یک دل شاد

لغزش اشک از روی شوق

و نگاه مهربان چشمانی که در آن

آب زمزم را میتوان به تماشا نشست

من و نوشته هایم

و پدیده های مفرط و اجباری

و تکرار روز و شب

و تکرار نفس و ضربان و خواب و بیداری

و تکرار چهره های تکراری

و وقاحت و پلیدی و فریب

و خودکشی صداقت و سادگی بر دار

و باز تکرار و باز تکرار

من و نوشته هایم

و یک دنیا تنهایی

و آرامش بودن در خود افکار

و لمس لحظه های سکوت محض

با سر انگشت خیال و آرزو ها

و بستن دریچه چشم

و طلوع شاد خوابها بر پرده پلک ها

و گرمی شاد اسارت و حصار

و دوری از دنیا

از مردم

از همه کس و کار

من و نوشته هایم

در عزای فاجعه مرگ سادگی

و در تعجب فریب نهفته در زندگی

و شکست موج در برابر صخره

و ختم عمر شمع در تاریکی

و فراموشی نور یک منفذ

در عمق سلول تنهایی

من و نوشته هایم

من و یک کاغذ

یک احساس

یک حادثه

یک آرزو

یک خیال

یک نگاه

یک حرف

و نگارش احساسات

بر قلبی ساده و سفید یک کاغذ

با قساوت رنگ های سیاه

راه زن

در چشم های من غم فردا نهفته است
در قلب من ز درد، گل سنگ شگفته است

آری منم سیاه سر دوران تار تو
ناقص و نیمه، نصف توام، در تبار تو

گاهی ز مشت خشم تو فریاد میکنم
گاهی به آتشی تن خود شاد میکنم

گاهی به اشک رنگ، غمی پاک میشود
گاهی هزار امید دلم، خاک میشود

اما هنوز به باغ دلم آرزو بجاست
در اوج بی پناهی من یار من خداست

او که بهشت خویش به پایم فکنده است
مرحم به درد و آه همه خلق و بنده است

روزی که در بهشت حوا نام من نوشت
نسل تمام آدمیان را ز من سرشت

تو ای حقیر بیخبر از حکمت خدا
ای گم شده ز عقل ز منطق بسا جدا

از عمق جهل خویش تو هرگز نرسته یی
در را بروی مکتب و درسم تو بسته یی

گاهی به ضرب سنگ تو من خاک گشته ام
گاهی ز جهل تو همه برباد گشته ام

لیکن ببین هنوز امیدم چه پا بجاست
سرسختم و لجاجت من حل ماجراست

من قدر لحظه ها و زمان را چشیده ام
بس درد ها برای رهایی کشیده ام

من با کتاب و رنگ و شفق وعده بستم ام
از جمع این خرافه پرستان چه خسته ام

در سنگ خاره اشک دلم راه بسته است
از بند ظلم تو به همین جور رسته است

آری خودم برای خودم شاد میشوم
پر میشوم نسیم و گهی یاد میشوم

با دست من شکسته شود قفل محبسی
این بندها و درد و غم و رنج و بی کسی

آری زنم ، سیاه سر و کم در تبار تو
لیکن کجا مقام زن و اعتبار تو

غریق غم

ای غریق غم
روز تو از راه شب باری فرا خواهد رسید
ای شکسته پر
بالهایت باز روزی از خدا خواهد رسید
اشک روزی در دو چشمت
شاهد فجری ز نور دوست خواهد گشت
در میان دست هایت باز عطر آن رمیده آرزو ها
زنده خواهد شد

ای غریق غم
ریشه های درد را از قلب خود برکش
در میان انعکاس عکس خود بر بلوری سرد
نقطه های زندگی را باز پیدا کن
تا زمانی قلب داری
مهربان هستی
زندگی در تو هنوز هم مست میچرخد
در قدم هات صد تپش آرام میلغزد
افرینش هم به تو لبیک میبخشد

ای غریق غم
انکه در بالا نشسته خوب میداند
فرق بین رنگ های کدر و روشن را
سایه ها را

یا طنین سرد و گرم حق و باطل را

انکه در بالا نشسته
در تپش های دلت جاریست
تو صدا کن
بس صدا یکبار
عشق او از فتنه و نیرنگ
از دروغ و بغض و بهتان
از همه عاریست

ای غریق غم
یوسف گم گشته هم روزی
راه خود را در پی کنعان
باز میجوید
خنده گم گشته تو نیز
روزی
بی مهابا
بر رخ غمگین و سردت
باز می روئید

جناب گاو

به رمز زندگی درماندم اینسان
که نادانسته گشتم گیج و حیران

به این بازار گرم افتراهی
به ادم های خالی، کور و واهی

به مغز مبتکر در چنگ زنجیر
به جاهل سلطنت از جنس تزویر

برفتم تا بیابم رمز دوران
بقای بد ز مرگ خوب و خوبان

رسیدم بر دیاری سبز و دلباز
که گاوی بود سلطانش ز اغاز

به تختی گاو مثل شاه بیروت
نشسته در زر و در سیم و یاقوت

به دورش نوکران بر سینه دستی
به فرمانش به هر سوی بجستی

جناب گاو به نشخوار خطبه میداد
به نشخوار پاسخ هر نقطه میداد

ز نوک شاخ تیزش خون به جریان
به زیر سم پایش، سر فراوان

به زور سم، به زور شاخ و اجبار
به نشخواری ، به کودن های دربار

جناب گاو اینک شاه با سم
و شرط نخبگی دو شاخ و یک دم

به او گفتم که ای شاه گاو این بیش
بگو بر من تو رمز سلطه خویش

بگفتا شاه صحبت های ندرت
دو شاخ و سم به من دادست قدرت

تمام رمز من، زور و شقاوت
کمی تزویر، ریا و کشت و غارت

هر انکه سر بلند کردست مردست
نفس از زیر سم من نبردست

به زور قاطران و اشترانم
هر انچه دل بخواهد میکشانم

بگفتم ای جناب گاو، منطق
کمی عقل و کمی دانش، کمی فق

بگفتا حرف مفت ات پنبه دانه
دو شاخ و سم بخر چون شاه خانه

در اینجا قدر انسان، قدر خارست
سر هر عقل مندی روی دارست

در اینجا منطق و فهم و نجابت
نه نان ات میدهد، نی رفع حاجت

در اینجا حرف مفت و حرف نادان
در اینجا قدر جهل و قدر بهتان

در اینجا زور میخواهند چو حیوان
در اینجا گاو میخواهند نه انسان

رنج یک افغونی

با تو به درد دل می نشینم

ای همسایه

تا شاید

آن حس انسان دوستی و عدالت را

که بنامش

از قران آیه بر می گیری

و بخاطرش

با دنیا به مجادله بر می خیزی

بر من تلاوت کنی و خود را در آن بیابی

وقتی اشغالگری بیگانه کشورم را به غارت برد

وقتی چمن زار سبز شهرم به خون پدر و صد ها مثل او به لاله زاری مبدل گشت

وقتی بمن گفتند که خدا و رسولی نیست که ما زاده طبیعت ایم

وقتی قلم را بر دستم نهادند و ناخن هایم را دانه دانه کشیدند

تا خاکم را به نامشان امضا کنم

با اخرین رمق های مانده در تنم رها کردم

خانه و شهر و کشورم را

و با نفس های آخر تا خاک تو خزیدم

به تو پناه آوردم

که بیرقت با نام الله آراسته است و پیامت از مساوات ومهربانی

عدالت و تواضع

برادری و برابری

لبریز

به تو پناه آوردم تا شاید مردانگی مرا در برابر ظلم بستایی

و با مردانگی خودت فرصت زندگی بدون ذلت را به من ببخشایی

زبانت با زبانم آشناست
و مذهبت با اعتقادم هماهنگ
پنداشتم که برادر منی
پنداشتم که در خاک خدا
که من و تو آنرا با مرز تقیسم کرده ایم
به من قسمت کوچکی به سخاوت قلبت
به اجاره خواهی داد
و شریک دردهایم خواهی شد
تا روزی
که کشورم
آباد و آزاد گردد
وانگه
در افغانستانی بهتر
مهمانت خواهم کرد
بر دستانت بوسه خواهم فشاند
و ای برادر
از مهربانیت در اوج بیچارگیم
از دست گیریت در روز های نا امیدیم
با اشک و قلبی مملو از محبت
سپاسگذاری خواهم نمود
از فرط بی پناهی
به کشورت پناه آوردم
کودکی بودم که پایم با خاکت آشنا گشت
جوانیم را در کشورت گم کردم
زبانم را بفراموشی سپردم
"تشکر"هایم به "مرسی"

و "نان چاشت" ام به "نهار" مبدل گشت
شاعرم حافظ گردید و
از قابلی وچتنی و چای سبز
به زرشک پلو
و طعم شور خیار
و چای معطر سیاه
در پیاله های کمر باریک
با قند خشتی در کنار
عادت نمودم
در کشورت
بهترین و بدترین لحظه های زندگی را
به تجربه نشستم
پسرم در خاک تو چشم گشود و رضا نامیدمش
مادرم در بهشت رضای تو با دلی نا امید مدفون گردید
خواهرم با پسری از تبار تو عقد و نکاح بست و
در جنگ عراق برادرم
برای سربازانت نان پخت
صلوات فرستاد
و با افتخار عرق را از جبین زدوده و
بند سبز یا حسین را بر پیشانی گره زد
حال
پیریم را نیز در خاک تو
به تماشا نشسسته ام
سالهاست
که چنار وجودم
در گردباد حوادث خاک تو

به بید لرزانی مبدل گشته است

سالهاست

که نامم را بفراموشی سپرده ام و

لقب "مشدی"را بنامم گره زده اند

سالهاست که من دیگر آن کودکی نیستم

که با پای برهنه و قلبی مملو از وحشت برای سرپناهی

به تو پناه اورد

ولی تو

همان بی خبری هستی که بودی

ولی تو

با آنکه فروغ چشمانم را با دوختن کفش هایت

با آنکه قوت دستانم را در غرس نهال در باغ هایت

با آنکه قامت استوارم را در بپا خواستن دیوار ها و ساختمان ها و خانه هایت

با آنکه صبر و تحمل ام را در شنیدن کنایه ها و کینه توزی هایت

به تباهی نشستم

هرگز برای لحظه ای

جرقه زود گذر انسان دوستی را

بر قلبت راه ندادی

هنوز هم

در فهرست تو"اوفغونی" ام و

در کتاب تو بیگانه

هنوز هم

مهربانی در قلبت برای مهاجری کوله بدوش

که چیزی بجز نجات از جنگ

از تو نمی خواست

که با دادن سالیان زندگیش

به همت و قوت دستانش

شهرت را آباد نمود

نیافته ای

و هنوز هم

با نفرتی سی ساله

احساساتم را ببازی میگیری

دروازه مکتب را بروی کودکم می بندی

بساطی را که نان شکم های گرسنه اطفالم بدان محتاج است

با لگد به جوی آبی می اندازی و

دست هایم را با تهدید "رد مرز" نمودن می بندی و

اشک هایی را که با خاک سرک های تو

بر چشمانم به گلی مبدل گشته

و امید را در نگاهم دفن می کند

با تمسخر می نگری و می گویی

"شما به حرف نمی فهمید"

هنوز هم

بر مظلومیت اطفال کربلا

زنجیر بر خود می کوبی و

بر یزید و یزیدیان لعنت می فرستی

از بی عدالتی دیگران سخن می گویی

ولی هرگز در صف های دکان ها

در داخل اتوبوس های شلوغ

حالت مشوش یک افغان را نمی بینی

که از ترس تو

اهانت های تو را

تلخ تر از زهر

فرو می بلعد و غرور خود را

پایمال احساسات تو میکند

تا مبادا

پنجه بر سمت اش دراز کرده بگویی

"به کشورت برگرد اوفغونی پدر سوخته"

می روم

ولی

درخت های سبز و بلند کرج

سرک های پاکیزه تهران

پارک های خرم و زیبا

خانه های مجلل بالا شهر

نان های گرم نانوایی

کفش های راحت چرمی

پتلون های زیبا و رنگارنگ

همه و همه

یاد مرا

رنج های مرا

نشان انگشتان مرا

عرق و سرشک ریخته از چشمان مرا

با خود به یادگار خواهند داشت

می روم ولی حاصل دست های این کارگر افغان

برای همیشه در رگ و پوست کشورت

جاویدان خواهد ماند

می روم

چه می دانی

شاید روزی تو

به دروازه شهر من محتاج گردی

وانگه

من به تو درس مهربانی را خواهم اموخت

وانگه

تو درد دربدری مرا خواهی چشید

وانگه

شاید یکبار

برای لحظه ای کوتاه تر از یک نفس

سرت را با پشیمانی

در مقابل عدالت وجدان ات

خم کنی

و فقط همان لحظه

قیمت ده ها سال رنج مرا

به آسانی

خواهد پرداخت!!

اینجا فغانستان دردست

هموطن

اینجا فغانستان دردست

مشترک با هم، غنوده در میان جال جنگیم

مشترک با هم، به دست خود کفن ها بسته کردیم

مشترک با هم، گرسنه، بی کس و بیجا فسردیم

مشترک با هم، ز موج فاجعه، اماج دردیم

هموطن

اینجا فغانستان دردست

مشترک با هم، هزاران خانه را ویرانه دیدیم

مشترک با هم، میان راکت و تانک، ما فقط ما، کشته دادیم

مشترک با هم، بدست دیگران ما آله گشتیم

مشترک با هم، شکستیم، مرده دادیم، خار دشتیم

هموطن

اینجا فغانستان دردست

مشترک با هم، ز چشم کودک ما اشک جاریست

مشترک با هم، در این دنیا نصیب ما فقط رنجست و خواریست

مشترک با هم، تمام فاجعه بر ما اسف شد

خانه از ما، زنده از ما، کودک از ما لادرک شد

هموطن

اینجا فغانستان دردست

مشترک مایم، که باید دست بی زولانه گردیم

از برای پر شکستن های خود ، ما لانه گردیم

مشترک مایم، که تنها در تبار ماست جاری

عشق میهن، درد میهن، جنگ میهن، صلح، آری

هموطن، هر گوشه این کشور در خون بخفته

از نیاکان من و توست ، قصه ها در ان نهفته

هموطن، در قصه ما، قهرمان همواره مردست

قصه این خاک غمگین، مرگ خوبان، آه و دردست

هموطن

اینجا فغانستان دردست، لیک، شاید

در کمال اتحاد ما شود روزی بغایت

باز ابی گردد این تیره فضایی شوم تبعیض

کودک من، کودک تو، خنده اموزد بتعویض

هموطن

کس ناخدا بر کشتی مایان نگردد

کس بفکر خاک ما یا مردم افغان نگردد

هموطن اینجا همه از بهر شهدند و شراره

دوستی ها بی سبب نیست دشمنی هم بی نقاره

هموطن

بس کن، تو هم خسته ، منم الام دردم

سرزمینم غرق ماتم، مردم بیچاره در غم

هموطن، یکبار در قلبت، مرا بس هموطن بین

نور کمرنگ افق را ، مختصر در این شفق بین

لوحه تاجیک و پشتون یا که ازبک یا هزاره

~ 180 ~

سرخ از خون من و توست، سرخ مثل رنگ لاله

هموطن، این خطه ما، سرزمین ماست، اری
کوه و دشت و باغ هایش، رود های اب جاری
هموطن، الفاظ دیگر را کنار هم رها کن
دست ها بر هم نهاده کشور خود را بنا کن
بر تمام زخم ها باید بخود ما چاره گردیم
چاره یی از بهر درد ملت بیچاره گردیم

خناق

اینجا نبات و شهد همه خناق میشود
حتی دعا میان گلو، عاق میشود

اینجا که حرف همدلی در اوج ابتدا
ناگفته بر مزاج تو شلاق میشود

بسکه ز تیر جور زمان خورده یی به چشم
هر تیر این کمان تو یک ناق میشود

اینجا تمام رسم زمان مانده در ریا
صید قزل به زور همان غاق میشود

در نور روز روشن و در غیبت غروب
صد چشم محو کوری یک راق میشود

در خانه یی که پیکر و دیوار و در نبود
یک ابله در بنای دو سه طاق میشود

برای اردوی ملی

برای قامت تو سبز دوزند جامه دانی را
به نام تو به زر سایند رسم قهرمانی را

درود فرزند پیل افگن به خون پاک بی نامت
ز تو اموخت باید درس عشق و پاسبانی را

حضورت اهنین تسکین راه و کاروان ما
به چوپان خوب دادی مشق عرف ساربانی را

به شور انعکاس غره هایت بیشه مینازد
نسیم پیچیده میگرید، ندای ارغوانی را

میان اشک و قلب ملت ات، هرگز نمی میری
ببر تا باغ فردوس این صدای قدردانی را

تو فرزند غیور و حافظ این خاک مغمومی
سلام بر تو، درود و شادباد این جانفشانی را

جنس شر

دلم میخواهد اینجا از تبار و جنس شر گردم
به جهل مطلق خویش افتخار و مفتخر گردم

دلم میخواهد اینجا با فریب و حیله و نیرنگ
نقاب دین به چهره برکشم، دلال سر گردم

دلم میخواهد اینجا با نوای سکه همخوانی
بنرخ روز جاهد، یا ز راه جهد بر گردم

دلم میخواهد اینجا اشک تمساح ریزم از تزویر
به رنج و درد انسان مسخ باشم، کور و کر گردم

دلم میخواهد اینجا با لگد بر روح و وجدانم
بکوبم، نوکری از بهر سیم و بهر زر گردم

دلم میخواهد اینجا اندکی من هم چو خر گردم
به فکر کاه و یونجه در طویله شادتر گردد

انتحار

صدای بم

نفیر رنج این مردم

و فریاد و صدای گریه های کودکان هر جا

گروه طالبان در زیر برقعه با لباس زن

چو موش در کوچه های شهر میچرخند

و بزدل گونه با پیراهنی از مخمل و چوری

جهاد خویش را در خون مردم رنگ میبخشند

صدای بم

و بوی دود

نگاه های اخیر مادری در حالت مردن

و سرخی شیار خون مردم در میان جوی

سری از کودکی با پای یک زن در کنار اب

تنی از یک پدر کو رفته اینک تا ابد در خواب

چنین است این جهاد بزدلان در سرزمین من

چنین بدنام کردند نام اسلام، نام دین من

صدای بم

و شلیک گلوله، انفجار و مرگ

بخواب ای ناز پرورده، بخواب ای کودک معصوم

بخواب ای هموطن در بی گناهی این چنین در خون

که راه رفتن این بزدلان بر جنت موعود

ز خاک و خون ما، یک ملت اسلامی و مغموم

به زور بم و کشتار و نوید وحشت و ظلمت

و با تکفیر انسان بودن و تنزیل هر حرمت

چنین آری، به خون کودک ما میشود حاصل

ره رفتن به جنت در کتاب درک این قاتل

صدای بم

و مرگ باز هم یک بی گناه در چنگ کفتاران

عجب جهلیست، عجب جهلی

عجب درمانده ایم در ان

فدا میگردم

در خرابات پی وحی و ندا میگردم
در دل خاک بدنبال خدا میگردم

انکه نورش ز سراپرده به جان میریزد
پی او در شرر شور و صدا میگردم

او که در نبض دلم نقش امیدست و حیات
عطر مهرش چو تراوید صفا میگردم

طاق ابروی کسی، مخمسه کارم نیست
من پی صاحب این خانه و جا میگردم

رنگ صد رنگ زمانست، زمینست، ز او
من به این قدرت ان یار فدا میگردم

شاد اندم که کشم رخت تنم تا جبروت
زانکه از بند تن خاک رها میگردم

بودن در سنگ

بر من خرده مگیر
که در این هیاهو با گوش های کر
نبوت را در صدای پای مورچه ها یافتم
و عدالت را در درخت نارنج که عقده های نارنجی را
انجیر میساخت

آی آفتاب همیشه پایدار در آسمان ساکن
اگر مردی
بیا جویچه های سیاه باور کرم های خاکی را روشن کن
و اگر زن
آبستن درد شقایق ها شو که یادگار نیلوفر های آبی
بر این سراب اند

بر من خرده مگیر
که دستانم مثل شاخ های خشکیده یک درخت مقدس
رگ های زندگی را، ترسیم کرده است
و هر شاهرگ لمیده بر استخوان های ترکیب ام
شکوهیست از باور بودن من
در میان سنگ

سیب از چنار

دلم ز شاخه پیچک انار میخواهد
و سیب سرخ ز شاخ چنار میخواهد

شکسته بال و پرش در حصار حجم قفس
ز میله حرف و حدیث فرار میخواهد

میان موج تلاطم به بحر خشم زمان
چه کودکانه به کشتی کنار میخواهد

در این قیامت محشر، در این قیام کفن
به اضطراب تپیدن، قرار میخواهد

میان شهر سیاهی، به کام کسوت غم
برای ختم خزان انتحار میخواهد

به هر دریچه محزون ز هجر شور شفق
کمی بخاطر نور انتظار میخواهد

بخند

به دشت غم، نسیم کوکناری میرسد باری
به ایمانم قسم روزی دلت از غم شود عاری

بیا در این خرابه مست تریاک زمان گردیم
در این دوران نامردی، رها از این و آن گردیم

به جنس بی مروت زندگی لعنت که افگاری
تمام عمر محتاجی، تمام عمر در خواری

برقص! با کفش های کهنه ات تا عمق ایمانت
بخند! بر پینه های دامنت تا اوج عصیانت

بزن با ضربه های صد گلوله بر تن آواز
بچرخ! آزاد و دیوانه، بپر بی بال و بی پرواز

تمام زخم هایت را نمک زن تا زمان سوزد
کنار سفره خالی برقص! تا جان نان سوزد

اگر این سرنوشت با تو نشد همراه و هم گامت
تو کام دل بگیر از غم که دنیا را بشرماند

دیوانگی

در این دوران همان دیوانگی بهتر ز عصیانست
همان بیهودگی، بیچارگی، بهتر ز درمانست

در این دوران که ارزانست بهای اشک ای مردم
دو چشم اشک دیده بهتر از لب های خندانست

در این دوران که قدرت ریشه در خونابه میگیرد
گدایی پیشه یی بهتر ز تاج و تخت سلطانست

در این دوران که حراج ست حتی نام پاک او
همان کافر به یکرنگی چه بهتر زین مسلمانست

در این دوران که نرخ مولوی در نرخ بازارست
صداقت در خرابات نیک تر زین زهد و ایمانست

در این دوران که آزادی بهای بال و پر گیرد
بریده بال و پر بهتر ز ماندن کنج زندانست

در این دوران که وحشت ها همه از نوع قابیلست
عطوفت های حیوانی بسا بهتر ز انسانست

در این دوران که ماندن ها به شرط مرگ وجدان شد
شکوه خرقه زیباتر ز ابریشم به پالانست

کمی این باش

کمی سنگ باش در اینجا که فرهادی تو را جوید
کمی آتش که در بزم اش خلیل و گلشنی روید

کمی گریان، کمی خندان، کمی غلتان، کمی نالان
کمی یوسف، کمی کنعان، که رنج هجر را گوید

کمی بیهوده و بیدار، کمی مستی، کمی هوشیار
کمی توفان، کمی عصیان، که این غم را ز هم شوید

کمی آواره و حیران، کمی اینجا، کمی در جان
کمی ایوب و بی صبری که راه عشق را پوید

کمی پروانه و دلکش، کمی پرواز، کمی آتش
کمی عذرا، کمی شیرین، که شور درد را گوید

کمی با خود و بیگانه، کمی بیخود در این خانه
کمی مجنون و دیوانه که هر صحرا ز او موید

به من چه

به من چه، من چه کنم گر بهار می آید
اگر به سوی چمن صد نگار می آید

به من چه، گر که ز شور و ز شعف میکده ها
صدای بی غم شادی خمار می آید

به من چه حال که عیدست و فال روی هلال
و شیر و شهد کز آن بیشمار می آید

به من ز عید مگو، درد را تلاوت کن
که در سخاوت اشکی قرار می آید

به من ز شهد مگو، من که شادیم مرگست
کفن بخر که به عیدم به کار می آید

تمام عید و براتم به رنگ خون سرخست
حنا ز سرخی رنگش کنار می آید

همیشه وقت دلم شاد بود و غصه نداشت
سپاه غم به شکست اش هزار می آید

برو به من چه که عیدست، ز عید منفورم
که باز سرخ چو آن عید پار می آید

دیر میشود

احساس میکنم که کمی دیر میشود
وقتی نفس برای تو دل گیر میشود

در شوق لحظه های عجیب توهمی
حتی ذغال اخته چو انجیر میشود

آری میان بودن و رفتن به زعم خویش
هر دم نفس ز حجم هوا سیر میشود

در رنج هر شکست غرور سپید نور
یک عقده قاب مانده ز تصویر میشود

در هر نفس که نقشه امید باطلست
این حال با گذشته یی درگیر میشود

این ماندن و گذشتن و بودن چی بی محال
با مرگ، ساده معنی و تعبیر میشود

بدیل تو

هیچ چیز بدیل تو نیست
نه کشت تریاک
نه بوی ناب آب های دم کرده هیرمند و هریرود

هیچ چیز بدیل تو نیست
نه فرمان های اخطاری
نه تکرار فرمان های اجباری
هیچ چیز بدیل تو نیست
نه گلوله، نه زیتون
نه حتی دلکشی سرخ یک غروب در خونابه یک آسمان تکراری

هیچ چیز...بدیل تو نیست
نه بوی خاک، نه شراره های آتش
نه انزجار، نه غم
نه حتی همان تصور سرزمین موعود

هیچ چیز بدیل تو...نیست
به جز یک پیاله قهوه تلخ
و ذوب سه جسد مارشملو بر آن
تا سیاهی و تلخی این بطلان را
در سپیدی و سادگی
زننده بنمایش بگذارد

هیچ چیز بدیل تو نیست

نه شاخه های زیتون با خوشه های بم

نه انفجار در ذره های خاک قهوه یی سوخته این وادی

که همه تو را

بی بدیل انقلاب میکنند

هیچ چیز بدیل تو نیست

حتی بیدل در بدیل تو، دل می اندازد

عروس خاک

اهسته گذر کن که در این خاک جفا است
صد قصه وامانده ز عشق و ز صفا است

آهسته گذر کن که در این منزل آخر
مهمانی خاکست و در ان سوگ روا است

آهسته گذر کن که در این دغدغه اشک
یک تازه عروسی ست که سرگرم عزا است

رنگ کفن اش رنگ همان پیرهن صبح
لیکن ز تنش خون چکد و لاله لقا است

قلبش ز غم مرگ خودش پر شده انقدر
کز ناله او ناله به هر باد صبا است

هر شب ز تن گور و ز تاریکی رنج اش
صد ناله کشد تا که در عرش و سما است

در دغدغه دیدن مجنون خودش باز
چشم اش ز تن خاک به دروازه به جا است

با خون خودش بر تن هر باد و نسیمی
صد نامه نویسد که در ان عهد و وفا است

در سوگ خودش، سوگ عروسی و سیاهی
از عرش عدالت طلبد تا که خدا است

این شعر برای نو عروسی که در ولایت غور توسط طالبان کشته شد نوشته شده است. این نوعروس جوان با اعضای خانواده اش توسط طالبان حین سفر از موتر بیرون کشیده شده و تیرباران شدند.

یاسین

از رنج و درد ها گهی من این میشوم
آئینه یی به باور آئین میشوم

گاهی برای شرح تمام حضور حال
تیری به قلب تیره هر کین میشوم

بهر شکستن تب یوغ و تحجری
آری خلاف قاطر و هر زین میشوم

میخی به فرق سنگ جهالت ز ابتدا
پتکی به مغز خفته سنگین میشوم

خون میچکد ز هوش حواسم در این فضا
هر دم ز درد حادثه غمگین میشوم

در وادی فسرده و تاریک عقل ما
شرحی به ذکر و حجت در دین میشوم

تا حرف من شنیده شود با تبسمی
در گوش کر چو آیه یاسین میشوم

من اتشم

من آتشم، به گریه من تو نگاه مکن
عمر مرا به حبس حضورت تباه مکن

پرواز میکنم به دو بال شکسته ام
بر من تو رحمتی ز همان جنس چاه مکن

آری، حوای پاک بهشتم ز ابتدا
آدم تویی، مرا تو غریق گناه مکن

من مادر زمین و تو خوانی سیاه سرم!
این عزت مرا تو به زعم ات سیاه مکن

آری تمام نسل تو از برکت منست
تو فخر بر تفنگ و کمان و کلاه مکن

پاکم، زلال و ساده ولیکن مقدسم
زن ماندن مرا تو به ضعف اشتباه مکن

خاک توتیا

من انکه عشق تو را با غم و جفا بخرم
به چشم، خاک تنت را چو توتیا بخرم

سکوت شب که شود ناله های هجر تو را
چو شمع چکیده به مجلس ز هر صبا بخرم

میان صخره و کوه ات، به اشک و آه و نفس
برای زخم خودم مرهم و شفا بخرم

وطن که نام تو آزین هست و بود منست
کجا روم که به ناسور تو دوا بخرم

شکسته همت باغت، دمیده پیچک خون
برای غارت گل ها ز کی جزا بخرم

در این فضا که در ان گرگ و میش یکسانند
برای کوری دشمن کمی دعا بخرم

تو را به دوست قسم، نا امید حال مشو
که تا نجات تو را از خود خدا بخرم

دار مکافات

سنگی به پای هر که زنی، خوار میشوی
با سنگ سرنوشت، تو سنگسار میشوی

این روزگار دار مکافات عاجلست
هر بد کنی به بدتر از آن زار میشوی

آری بخند تا که توانی به بخت خویش
بنگر چسان به خنده عزادار میشوی

هرگز به حیله حرمت انسان ربوده یی؟
روزی به دام حیله گرفتار میشوی

اشکی کسی ز ظلم تو ایا چکیده است؟
آید دمی که دلقک بازار میشوی

با حرف و در کلام خودت دل شکسته یی؟
چون شب ز سوز درد دلی تار میشوی

خونی اگر تو ریخته یی بی هراس حق
بی بند و ریسمان، تو بر دار میشوی

اینجا سرای کهنه دنیای بی وفاست
تا کی فریب و حقه و زنهار میشوی

بگذار مژده ات بدهم از دیار مرگ
در ختم راه به مور و ملخ یار میشوی

میپوسد این تنت و ز خاک وجود تو
چند خشت خام مانده به دیوار میشوی

خلوص نیت

اسیر باد شبگردم که ویرانی نمی داند
من همراه همان موجم که توفانی نمی داند

در این دنیای پستی ها، که هر جا غرفه رنگست
غلام یاس بی رنگم که بوستانی نمی داند

نشد این غصه ها بیرون ز دل در مسجد و معبد
خلوص نیتی جویم که ایمانی نمی داند

به پاس نیکی ام اینجا جوابم رنج دوران شد
خوشا ان بد که نیکی را به انسانی نمی داند

هر ان کس در شعور خود، به وجدان متکی باشد
به رنجی مبتلا گردد که پایانی نمی داند

بهارم باش

بهارم باش اینجا، تا که روئیش راستین باشد
چراغم شو در این راه تا که ختم رنج و کین باشد

دل افگار هر باغی، ز خار گل چه خونینست
تو گل شو بی نفیر خار که گل بودن همین باشد

در این دنیای بی معنا که هرکس با نقاب آمد
تو معنا کن صداقت را که باور بر یقین باشد

تو خود شو ظاهر و باطن که تا هر حیله گر لرزد
ز شرم اندر ریاکاری، عرق ها بر جبین باشد

به دشمن احترامی کن که دشمن با تو یکرنگست
به آن دشمن ز هر چه دوست که مار آستین باشد

در این بازار خود بینی، میان خودنمایی ها
همان خاکی چه نایابست که از جنس زمین باشد

غلام نوع انسانم، که فخر جنس آدم هاست
ولو چون شمس در تبریز، ولو در غور و چین باشد

ختن گردد

من میان غم نبودن ها، دست و پا میزنم به حد خودم
ترک میگیرد این سکوت بقا، مثل ظرف طلای جد خودم

عاری از حادثه نمی دانم، بغض من رنج این شعور منست
هر چه دردست ناب و بی پایان، مانده در پیکر حضور منست

کاش روحی به رنگ شور هرات،کاش عمقی به سان کابل ها
یا که خاکی ز قندهار کهن، یا که هلمند و غور و زابل ها

کاش این بغض های کهنه من، رنگ روئیدن صفا گردد
اشک من اب رود و دریایت، درد من مرهمی به جا گردد

کاش این تن برای بودن تو، نور خورشید خاوری گردد
روح من سبزتر ز فصل بهار، شور بوستان باوری گردد

دست هایم به رنگ پغمان است، آب دریاست در ته مشتم
ساده منگر به این توانایی، به نفس های هر سر انگشتم

رنگ خاکستری نمی خواهم، گرچه خاکستری ز ذات منست
جنس من مهره های شطرنجی، بردنم بردنی ز مات منست

حرف هر سی و چهار نبوت تو، بر سر نام من فزون گردد
در گره خوردن حضور شما، دل هر زاغ کینه خون گردد

آه! ان خنده های پروانی، ان کنر های درد ویران ات

بلخ صد رنگ جامه های تنت، گوهر ناب هر بدخشان ات

کاش این مرده های رنج دلم در سحر های تو کفن گردد

خون دل خورده مینوسم من، تا که این میهنم ختن گردد

کوبانی

کوبان

ای شهر دختران رمیده در چنگ وحشت سیاه

ای گیسوان بافته به رنگ افتاب

بر گونه های عقیق بی کدر زنانگی

کوبان

ای بیشه هایت اکنده از غریو مادران

ای دیوار هایت، بطن مهربان دختران همیشه بیدار

ای کوه هایت، پاسبان ننگ این زنان

ای نفس هایت به صلابت و استقامت مونث این طغیان

کوبان بیدار شو

که گیسوان را به دست باد سپرده اند

و گردن هاشان با وقار به جای گردبند

بند پشمین گلوله ها را حمل میکند

و دست هاشان دیگر رنگ حنا را نمی شناسد

و فقط خون میخواهد، خون شاهرگ گردن دشمنی

که پدر و برادر را سر بریدست

کوبان، این خاک تو

زن زائیده است، زن

که واژه ها در تلاوت نجابت و پاکی او

در میماند وقتی با اخرین گلوله خود را ختم میکند

تا در چنگ کفتار ها، نام کوبانی تو بر زمین نیافتد

~ 208 ~

کوبان، کوبان،...غصه هایت را
مثل همان مو های طلایی به دست باد بسپار
که تو روشن تر از انی که خفاشان سیاه میپندارند
تا زمانیکه این دختران کوه قاف
کوبانی میخوانند
کوبانی سجده میکنند
کوبانی میجنگند
کوبانی میمانند
و کوبانی فقط پریشان تواند

کوبان
تو در خون هر کوبانی
همیشه جاری خواهی بود

این شعر از جنبش دختران کوبانی علیه گروه داعش الهام گرفته و در رثای انها سروده شده است

اسما الحسنی

نود و نه اسم خداوند که بنام اسما الحسنی نامیده میشود در این شعر گنجانیده شده است

الهی دست بر درگاه تو من خجل و حیرانم
به اشک دیده میشویم گناهم وز سر و جانم

حکیمی تو، حلیمی تو، صبوری تو و جباری
شهیدی تو، کریمی تو، معزی تو و قهاری

تو رحمان و رحیم و مانع و نافع، کبیری تو
وکیل و الحق و حاکم، باسط البر و خبیری تو

تو والی و تو هادی، مقسط و نور و حمیدی تو
تو قیوم و رشید و وارث و باقی، مجیدی تو

رووف و مالک الملکی، تواب و رافع، الماجد
شکور و ظاهر و باطن، موخر، اول الواجد

تو قادر، مقتدر، مقدم، مغنی، رازق الجامع
رقیب و باعث و مبدی، بصیر و خالق، الواسع

ولی و یا معید و یا عظیم و یا مجیبی تو
تو غفوری، متینی، الجلیلی و حسیبی تو

سمیع و ظاهر و قابض، لطیفی و توی حافظ

مذل و خالق و مومن، ودود و واحد و خافض

توی حی و تعالی و علیم و البدیع یی تو

عزیز و عادل و فاتح، مصور، القوی یی تو

توی ان باری و ان زول الجلال و الاکرامی تو

مهیمن، یا صمد، یا عفو و یا واحد، سلامی تو

تویی ای مالک القدوس، رقیب و منتقم، الضار

معیت، الممیت، من چسان نامت کنم اظهار

تویی علی، تویی الله، نفس وز نام تو خیزد

قلم عاجزتر از آنست که مشک شان تو ریزد

وهابی و محصی، کبریا باشد تو را القاب

تو باری، در تو بنهفته، کلید بسته هر باب

صراط المستقیمت راه من بادا به هر حالی

مبادا جام هستی ام ز لطف یاد تو خالی

ندایی بفرست

نیک اگر نیست، به راهم تو بلایی بفرست
اندکی غصه به پتنوس طلایی بفرست

انقدر خسته ز دردم به ستم های زمان
زخم برگیر و نمک ریز و سزایی بفرست

ز سیاه سر به سیاهی چه سیاه زاده شدم
لطف کن نغز و خلاصه تو عزایی بفرست

مانده از بغض گلویم خفه از شور و ندا
رحم کن، چامه و اهنگ و صدایی بفرست

گوش عالم نشیند گریه و آلام مرا
ناله ها را بنویس و به خدایی بفرست

پرواز کن

پرواز کن برای دلم تا کرانه ها
چرخی بزن به کوچه و باغ فسانه ها

من پر شکسته ام به امید پناه تو
اوجی بگیر، میان قشون زمانه ها

اینجا کنار شیشه نمناک زندگی
محو لقای تیر توام بر نشانه ها

هر چند من سکوت محالم ز بی کسی
آوازه کن سکوت مرا با ترانه ها

گاهی سری ز کنج قفس میکشم برون
آری! تو را چنین نگرم در بهانه ها

سرنوشت زن

بر دلت قوتی چون زَهره یک شیر بده
جراتی کن، به غمت میوه انجیر بده

گیسوانت بگشا، نعره بزن از ته دل
به کمان سر ابرو، خم شمشیر بده

در میان صدف چشم تنت نور بکار
مژه را صیقل تیزی چو سر تیر بده

پر بکش تا جبروت و ملکوتی ز یقین
به خودت وعده بشکستن زنجیر بده

زندگی را به کف خود قلم و نقش بزن
سرنوشت را بزدا، طعنه به تقدیر بده

اندیشه

اندیشه های مانده و اندیشه های ناب
اندیشه های خفته و اندیشه های خواب

اندیشه های سبزه و اندیشه های رود
اندیشه های تیره و اندیشه یی کبود

اندیشه های ماندن انسان به زعم خویش
اندیشه های کشتن انسان به نام کیش

اندیشه های همت انکار ظلم و جنگ
اندیشه های نفرت وآلوده با جفنگ

اندیشه های کوچک و محدوده بر زمان
اندیشه یی بزرگ و فراتر از این جهان

اندیشه های رویش و پویش ز جنس باغ
اندیشه های مانده و پوسیده چون کلاغ

آری، برای بودن تو شرط آخرست
اندیشه، فرق مغز تو با گاو و قاطرست

قدسیه

به من ز ظلم و ز تزویر دام و دانه بگو
ز ارغوانی غم و عقده ات فسانه بگو

به من ز درد وداع ات، به من ز رنج اخیر
به زور لب، به نگاهی، به هر بهانه بگو

به من ز خون و ز طعم اش، به من ز زخم تنت
به یاد مادر و در انتظار خانه بگو

به من ز ناله و فریاد و ختم نبض دلت
درست وقت پریدن ز جسم لانه بگو

به من ز شام مهیب و ز چهره های سیاه
و رنگ پرده تاریک این چکامه بگو

تو از رذالت دلال خون پاک خودت
به نرخ عمر عزیزت، به این زمانه بگو

این شعر در رثای قدسیه، دختری که معلم قران کریم بود و در واقعه انتحاری در کابل در سال دو هزار و چهارده کشته شد و جسدش با نسخه یی از قران کریم که نیمه سوخته بود یافت شد، نوشته شده است

غزل

اینجا غزل ز رنج و عزا خسته میشود
شرح غم اش ز قافیه برجسته میشود

اینجا نه شعر وصل و محبت، نه ذکر شور
گل هم برای سوگ ز گلدسته میشود

هر بیت این غزل نم اشکان عاشقیست
محبوبه یی که بر او کفن بسته میشود

اینجا تن غزل به جراحت کشیده شد
دارد جدا ز روح خود آهسته میشود

یک وزن تازه ساز و بیاور به این غزل
این غم به شعر من ز چه پیوسته میشود

کابوس من

کابوس من

ای نبات تلخ قندیل زقوم بهشت تصورم

ای سریر ابریشمی هذیان ریشه کرده در گلو

کابوس منای قامت چنار مرده و لانه خالی

ای موجی از مو های اشفته در دست باد

ای خلسه های دیوانگی در بطن شعور

کابوس من

ای قدم های سنگین و لنگ زندگی بر سنگفرش حادثه

ای لبخند

ای اشک

ای سوده سرمه در چشمانی نم کشیده

کابوس من

ای پرواز، ای پرشکسته

ای طعم گزیدن زخم ترک برداشته شفق در انتظار طلوع

کابوس من

مثل دستان استخوانی باد

بپیچ بر شاخه خشک این منظره

تا مرده باشم

در شمایل یک پیچیک

که انتقام سیاهش بر تن دیوار

تمام عمر خزیدن را می ارزد

کابوس من
به من قبض روح را بیاموز
که بر گلوی زندگی، ریسمانی ام
اینجا من با عزرائیل در رقابتم

یک دنیا سیاهی

روزگاریست، ببین
روزگاری که نور در کف تاریکی
بخود میبالد
ریشه جهل و پلیدی ز دهان منطق
با وقار خاصی خفقان میزاید
روزگاریست که هر دلقک پر رنگ و صدا
نسلی از دین خودش میسازد
روزگاریست که این نسل ز احساس بدور
روزگاریست که این نسل همه فسق و فجور
مثل کرم پیله
فاسد و بی مقصد
یا به هم میلولند
یا که بی چشم و دل و کور ز تن همدیگر
لقمه بر میگیرند

روزگاریست که وحشت به در شهری ز خاکی زمین
مثل یک دایره تکرار مکرر دارد
روزگاریست که پرواز فقط سایه بالیست و بس
که جدایش کردست ز تن نازک بلبل
به شقاوت دستی که ز استین مخوفیست برون
و تکان میدهدش در کف خویش
تا دگر کس نکند فکر بلند پروازی
تا دگر کس نکند فکر

نکند احساسی
روزگاریست که باید به همه عادت کرد
کمر خویش به تعظیم ببست
ز همه طاعت کرد
روزگاریست که تلخی به همه شیرین است
همه نوش از نیش است
روزگاریست که ایمان همه نانست و شکم
روزگاری که این نان و شکم
یک دین است

روزگاریست که دگر نیست تلاشی در من
من و تنهایی من
همه تسلیم ولی باز بگو
آیا نانم به کفم رنگین است؟
کاسه خونی که به کف دارم من
آیا از مرگ دو سه گل به کف گلچین است؟
روزگاریست که من هم پی یک دلقک مست
آیا رنگ خویش همه باخته ام؟
روزگاریست که پی نان و شکم
آیا من هم به همه ساخته ام؟

اتل

نماز صبح کسی بر در اتاق آمد
کنار بستر کهنه در این رواق آمد

نماز صبح کسی مویه و دعا میکرد
برای غسل و وضو نام وی صدا میکرد

"اتل" ز خواب گران دیده بر رخی وا کرد
برای رستن از آن خواب خوش تقلا کرد

کنار بستره اش در اتاق چند مردی
دو دست او بگرفتند برسم همدردی

یکی برای او از کفر گفت در وطنش
که در بهشت چه بالاست این بهای تنش

یکی ز درد "اتل" گفت تا که رام شود
و اینکه جهد "اتل" در قبیله نام شود

دو چشم کوچک او مست خواب و رویا بود
ولی میان دلش، رنج مرگ بابا بود

شبی میان همان کلبه گلی ز خفا
به راکتی که فرود آمد اندر آن ز فضا

پدر بمرد و "اتل" گشت بی کس و سالب
به مسجدی ز محل رفت و گشت او طالب

به گوش او ز سحر تا دم نماز عشا
سخن ز کفر بود و جهد و مرگ راه خدا

اتل که پار همه شور و شعف و غوغا بود
کنون بفکر و دلش، انتقام بابا بود

بیاد آمدش آن روز صادق و بی باک
بدست او بسپردند کلید جنت پاک

به گوش او سر آن مولوی سخن میگفت
ز باب جنت وز حور وز ختن میگفت

به او ز خانه زیبا و بی غمی و صفا
کنار رود خروشان میان باغ خدا

به او ز نعمت پربار لحظه ها هر دم
و عمر دایم و بابا و شادی بی غم

به زوزه گفت همان مولوی به اشک و سرشک
قواله یی به "اتل" داد از زمین بهشت

و بعد بر تن او یک لباس تیره و تار
و سیم و بم و دوصد آله دگر بشمار

کمی برای تن کوچکش فزون گردید
دلش برای خودش غم گرفت با تردید

گرفت در برش ان مولوی بوقت خروج
میان نعره الله و اکبر عین عروج

قدم گذاشت "اتل" در میان هلمندش
میان شهر خودش، مردم برومندش

کنار کوچه دو سه طفل شاد و زیبا دید
میان کوچه دو سه مرد، مثل بابا دید

به درب نزد دکان چند پولیس و همسایه
کنار دیگر آن پیرمردی در سایه

اتل دلش بگرفت از نفیر جنگ و عزا
بدست باد سپرد رسم انتقام و سزا

ز راه کوچه بگشت زانکه او پشیمان شد
ولی به امر همان مفتی کوچه ویران شد

اتل برفت، ولی رسم او بجا مانده
زجسم کوچک او صرف جای پا مانده

هنوز بر سر هر کوی و بوم و برزنگی
نفیر صد "اتل" ست و صدای بیرنگی

هنوز مشتی از این نوکران بیگانه
اتل فروش و اتل ساز و مخرب خانه

برای اهل خرد دام و صد ریا سازند
دو دست هر که بسازد ز تن جدا سازند

کجا ز شر خسان دشت گل رها گردد
که تا به شیوه داس باغ آشنا گردد

کنون فشرده همین مانده بس دعا و ندا
دو مشت خاک وطن، یک امید بی معنا

این شعر در مورد پسر چهارده ساله یی که در هلمند انتحار کرد و فاجعه انتحار و جلب و
جذب کودکان به انجام ان نوشته شده است

تفسیر یک هویت

همه را بگذار
تا قضاوت تو را
برحسب عقده های چرکین احساس خود
در تعفن تبعیض و افترا
موعظه کنند

اینکه در برکه صاف دلت
بجز مروارید برای تمساح ها
طعمه یی بیشتری نبود
شفافیت آب چشم هایت
تبارز میدهد

سایه ات را تو میشناسی
و تاریکی و نور
تزلزل خط های استقامت قامت تو را
هرگز پایدارنمی سازد

زندگی همین است
گاهی پاک ها بر خاک می افتند
گاه که نه
همیشه پاک ها بر خاک می افتند
و بر خون میغلطند
بخاطر بسپار شکست قامت راسخ یک چنار را

در شقاوت حسرت تبر ها
و نرمی گردن علف های هرزه را
در نجات از چنگال عدالت یک داس

حقیقت را در پستوی چشم هایت
مثل چراغ نجات انسانها
زنده نگه دار
و بگذار با نگاه هایت
مثل رحمت گم شده از بساط ایمان مومنان
بر سراب خشک افکارشان ببارد

تو هر چه هستی
در تسلسل خط های سرنوشت کف دستانت
با سر قلم کسی حک شده است
کسی در آن بالا
که تو را میشناسد
و گرمی حضور او
در اوج تنهایی و انزوای مطلق هویت تو
بار ها رخوت امید را کاشته است
برای تو همین بس است
که کسی هست
در ان بالا
که در کنار پنجره دلگرفتگی
و یک اسمان ابری
انوار گرم خورشید را
مهمان تاریکی احساس تو مسیازد

زندگی همین است

همه را بگذار تا با جهالت خود

باران را تفسیر کنند

در ختم روز

واقعیت نهفته در میان سیاه و سپید

به اتمام حجت احتیاجی ندارد

در خاکی که از آن من نیست

در خانه یی

که دروازه هایش

پنجره هایش

به فضای بیگانه دیگران باز میگردد

در کوچه یی

که نامش هرگز

در فراسوی درک من نگنجید

در خاکی که رنگ زرد ان

رنگ قهوه یی افتاب سوخته خاک مرا

هرگز نمیتواند به رقابت بطلبد

مرا مهاجر مینامند

چهار دیوار این خانه

هنوز هم نامانوس است

بیگانگی و دلتنگی

مثل ضخامت مه الود یک روز بارانی

حتی در این خانه هم

رخنه کردست

هر روز

صبح

با امیدی بیگانه

اغاز میگردد

و شب
در تنفس تنهایی غریب لحظه ها
قیرگونه بر چشمانم سنگینی خواب را میکارد
که در ان
طلایی گندمزار ها
سرخی دشتی از لاله
انعکاس اذان
و گرمی مهربانی های بر بادرفته
می روید
و خالیگاه دلتنگ احساسم
از شادی افتابی ان
لبریز میگردد

هویت من
در قلب قالینچه سرخ دستباف ماوری
در عمق عکس های رنگ پریده یک مادر
یک پدر
و یک باغچه پر از گل های پتنی و جرییند
و نمای یک دیوار گلی
و کودکی با پیرهن تومان ابی
و گدی پران سفیدی بر دست
نهفته ست

هویت مرا
عقده های گره شده در صدای طبله و هارمونیه
و اواز دلتنگ مردی که سالهاست مردست

در سردی خاکستری این خانه

هر شب و روز

زمزمه میشود

و من

هویتم را

با الفبای ناموس بیگانه

مینوسم

و با خود تکرار میکنم

تا مبادا

طعم چاشنی گونه سیب تیرماهی

انار قندهار

وبوی خوش پالیز های خربوزه را

و یا طراوت نهفته در هفت میوه را

فراموش کنم

من یک مهاجرم

بدور از خاکم که مرا هموطنی از ان راند

و مجبور به زندگی خلسه گونه در غربت

که به ناچاری با لبخند های ساختگی

بر من اعمال میگردد

من یک مهاجرم

که در اسایش خاک بیگانه

سالهاست که ارامش خانه را

نیافتم

من یک مهاجرم

که ارزوی بازگشت را

در خاکی که از ان من نیست

هر لحظه

مثل پرنده یی دل سوخته در هجر تک درختش

تا دم مرگ

بال و پر میزنم

حقیقت

آسمان آبیست

کبوتر سفیدست

و پرواز جریان دارد

این حقیقت توست

که با تار های طلایی بر مخملی از افکار مابانه یک مشت زنگی

دوخته یی

من از ضمیر ها شاکیم

که مثل اسب های نعل زده

نشخوار میکنند انچه را

با تکرار روز شان بر سنگفرش های زمانه

چهار دست و پا آموخته اند

کاشک میشد رمز گسستن را

و جهیدن را از اسب های وحشی

در فراسوی سبز یک دشت

در مغز ها میخکوب کرد

پرنده حقیقت است

پرواز حقیقت است

آسمان حقیقت است

ولی رنگ ها تبعیض اند

کبوتر نه سفیدست نه سیاه

باید در پرواز کبوتر تفسیر شود

آسمان چه آبی باشد چه خاکستری

حقیقت در قطره های باران

یا فجر نهفته ست

اسم من، بودن تو

گذشته و حال حقیقت اند

دست های که نوشته اند

زبان های که گره از سکوت نیزار ها گشوده اند

و افکاری که میراث مزخرف رسم ها را

در باتلاق خرافات

از اتاق تاریک نیاکان خود تکانده اند

فریاد ها

حقیقت است

انفجار از انزجارها ، نور و سایه

و یک دشت خواب و خیال و آرزو

و یک نسل تازه که از خفقان تبعیض برید ست

هوای تازه

نفس های تازه

حقیقتست

در فراسوی افکار

من هنوز شاکیم

از وقار کمر های دوتا شده

و سر هایی که با مغزهای متفکر ! برای کوچکی کلاه حماقت

خم میشوند

و دلقکانی که برای پادشاهی بخواب رفته

زنگ بپا بسته و میرقصند

من صلابت سرو را

میستایم

سماجت یک رود کوچک را

و نجابت نیلوفر های آبی مرداب را

و مهتاب را

و یک کوچه مملو از چاپ پای زمانه را

و آدم های را

که افکارشان

هنوز با نعل و افسار بیگانه است

عصیان

ای عاقلان ببینید ما رنگ میفروشیم
صد شیشه گران را بر سنگ می فروشیم

کشتی به دست موج و وز ناخدا خبر نه
در شهر درد و ماتم ما چنگ می فروشیم

ترسی ز کس نداریم در شهر بی خدایان
هر که خدای خویش است ما بنگ می فروشیم

صلح و صفا نباشد در کیش و مکتب ما
ما جنگ پیشگانیم بس جنگ می فروشیم

سرخ است رنگ شادی در ملکِ وحشتستان
بر گرگ رمه ای را ، بی ننگ می فروشیم

ملت وطن و مردم حراج هر مکان بین
آنچه که در بساطست چون دنگ می فروشیم

حرص است و بس حریصی در پیشه ای که مائیم
بشکسته یک عصا را بر لنگ می فروشیم

در حیله و فریبت وز خبرگان دهریم
آئینه را به مردم با زنگ می فروشیم

مام وطن سرشکی بر حال ما فشاند

وانگه که آشیان را ما منگ می فروشیم

به تداعی از غزل مرحوم رازق فانی (همه جا دکان رنگست همه رنگ میفروشد)

ترک شیرازی

بیا ساقی بده جامی ز خون سرخ و ناب من
بپوشان در صدای توپ و تانکی اجتناب من

بیا ساقی به بم ویرانه کن این شهر ویران را
بکش با صد گلوله هر رقیب و یار خوبان را

ز مژگانت بزن راکت به قلب ان مریدانت
کمی رگبار کن با ان مسلسل بر اسیرانت

رخ ات را تازه کن با انفجاری سرخ چون آتش
لبت را تازه کن با خون، لبت را تازه و دلکش

اگر ان ترک شیرازی برای ما به پا خیزد
سلاح ناب و بم بخشم که دنیا را به هم ریزد

برای ترک شیرازی به کوچه بمگذاری کن
به حسن خال ابرویش خودت را انتحاری کن

اگر حافظ در عصر ما و اکنون در افغانستان زندگی میکرد، شاید ترک شیرازی خود را
این گونه میستود

دیو صفت ها

اینجا سخن از مرگ و سرود خفقانست
هر دل به غمی مانده و ان غم چه عیانست

شمشیر شقاوت به کف کیست، تو دانی
من دانم و دانیم، چه حاجت به بیانست

پیچیده تن ات در کفن اما نگرانی
مادر که چه تنها پی تابوت روانست

قابیل شده گان با کفن و خون تو مست اند
وحش اند ز وحشت که همان خوی ددانست

بالی بگشا، دور از این خاک نگون بخت
خاکی که پر از خون و جسد، پیکر و جانست

این دیو صفت های به خون خفته چه دانند
یا کشته شوند یا بکشند تا که زمانست

Notes

Notes

Notes